市川覚峯
Kakuho Ichikawa

こうすると会社は変わっていく

KKロングセラーズ

市川覚峯
Kakuho Ichikawa

こうすると会社は変わっていく

KKロングセラーズ

はじめに

今、日本の社会や経済は大きく変わろうとしています。

それに合わせて、企業も変わっていかなければなりません。

社会や顧客の変化に合わせ、社会や顧客からの声なき要請に応え、商品やサービスを創出していかなければならないわけです。そのためには企業の活力を生み出す組織力が大切になってきます。

今は、個人個人の力の総和ではなく、組織の力、チーム力で勝負をする時代なのです。

ここで言う組織力とは、企業内部の組織力だけでなく、企業の外の人々との連携や一体感をも形成する組織力も含まれます。

そのような組織を作るには、企業の末端の一つひとつの職場やチームが活性化していなければなりません。

個人の能力を伸ばし意識を変えるために、研修等の能力開発が行われますが、職場（集団）の持つ本来の力を伸ばし発揮させ、職場メンバーの意識を変えていくには、「職場開発」という手法を採っていきます。

一言で言うと、職場集団の変化適応力、問題解決力を高めようとする活動です。

本書では、職場や組織の体質を強め、風土を変えるための職場開発の考え方と進め方を詳しく紹介しました。さまざまな企業の体質・風土を変え、新たなる社風や企業文化の形成をしていくために、「企業理念の浸透」による組織体質の転換や、揺るがぬ社風作りを行う「理念形成・社風改革」の方法があります。

パナソニック（旧松下電器）には創業者松下幸之助が教え込んだ「商人魂」があります。ホンダには創業者である本田宗一郎が叩き込んだ「技術屋魂」があり、ソニーにはソニーマンスピリットがあり、コカコーラにはコカコーラマンスピリットがあるのです。

本書には、こうした企業の魂を職場や個人の魂として一人ひとりの心の中に宿すために、効果的な「企業理念の浸透法」が紹介されています。

変化のスピードが速い中で変化に即応し勝ち残っていくためには、自社の強み、特性をよく知った上で、核となる強みを前面に出して戦っていかねばなりません。

また、未来に向けて永続的に勝ち進んでいくためには、さらなる企業の強みの核となるコア・コンピタンスをはぐくんでいかねばなりません。

本書で紹介する「コア・コンピタンス戦略」は、自社の核となる強みを探り、それをはぐくみ、永続的に勝ち残っていく方法の基本と言えるものです。

変化への即応力を高め、組織内に変化適応体質を作り込んでいくために、個人や組織集団に働きかけ、一人ひとりが行動変容していかない限り、組織の中にはイノベーションが起きません。

たしかに、個人や組織を変えていくためには力強い説得力が大切ですが、一方的に持論を力説していては、かえって逆効果になりかねません。そんな経営者や管理者を見受けますが、人や組織を動かす働きかけにはさまざまなアプローチがあります。

本書では、どんな状況においてどんな働きかけをすることが、個人や組織が自ら変わっていくきっかけとなるのか、その手順について紹介していきます。

マネジメントグリッドで有名なロバート・R・ブレーク&ジェーン・S・ムートンの著書『コンサルテーションの科学』（産業能率大学出版部）では行動変容を促す科学を紹介していきます。おそらくそれだけでは難しいので、私なりに過去のコンサルタント経験の中から練り上げてきた手法・ノウハウを簡便で使いやすく紹介しました。

つまり、この本には激変する社会・経済に向かい「変化適応力」を高めて変わり続ける企業作りの基本となる「職場開発」「理念経営」「コア・コンピタンス戦略」の三本柱をわかりやすくその技法・手法を含め紹介しているのです。

この技法・手法は、私や㈱日本経営理念研究所のスタッフが30年間にわたるコンサルテーションのノウハウを、皆さんでも使いやすいようにまとめたものでもあります。

この本の中では、企業の効率性の側面は当然のこととして、「企業の人間的側面」も大切にしながら、変革活動が推進されるように考えた手法・技法が紹介されています。

組織の中で活動する人間が働きがいややりがいを感じ、日々の活動の中で人間的にも向上し、幸せに導かれていく考え方をベースにまとめられています。

これらの背景には、企業は単に金儲けの手段ではなく、「社員や顧客、そして社会の人々を幸せに導くために存在する」という日本的経営の理念が存在しています。それに基づき、さまざまな行動科学の理論と手法を織り交ぜてまとめています。

読者の皆様がこれらの理論と手法を使いこなし、活力のある幸せ創造企業作りに向け、会社を変えていかれることを思い願ってやみません。

令和三年十月

市川　覚峯

こうすると会社は変わっていく　目次

はじめに　3

第1章　百年繁栄する「変化適応力」を職場に創る

日本企業百年に見る変化への適応力　18
変えるもの、変えてはならないもの　19
期待に応えて企業価値を上げる　21
糸偏を大切にして共同体組織を取り戻す　23
時間軸を長く持つ　25
結果を実現するプロセスに目を向ける　26
使命を見つめ志の旗を高く掲げる　27

第2章 いきいきとした力ある職場を作る「職場開発」の考え方・進め方

職場開発の考え方 30
企業の活力を作る職場開発を考える 30
考え方・あり方が企業の活力アップの原点 33
管理者のピープルマネジメント力の向上 35
職場の活力の向上を考える三つの視点 36
組織行動の変革のために必要な三点セット 39
職場開発推進の基本となる考え方 41
問題を載せるまな板を用意し、料理法をマスターする 44
職場開発により活力アップの特徴 46
職場開発アプローチによる活力アップ七つの特徴 46
職場開発の進め方と実践ケースの紹介 60
職場開発のプロセス 60

【事例研究】職場開発の実践例　66
職場開発の仕掛け人のアプローチ手法　76

第3章 強味弱味をはっきりさせる「職場診断と開発技法」

職場診断の進め方　86

職場診断についての考え方　86
職場の強味弱味を構造的に把握する　87
職場の活力診断の進め方　89
診断から職場開発導入への手順　94
幸せ創造診断について　99
職場の活力診断の進め方　104
集団（チーム）の活力UPプロセス診断　107
文化・風土マトリックス診断　109

文化診断表　112
職場開発の技法　115

第4章　未来に向けて望ましい職場、作りたい「組織風土」とは

望ましい職場、作りたい組織風土　124
集団（チーム）の活力アップ七つの条件　125
目指すべき職場の七つの視点　128
優良企業の七つの条件　131
自己成長的な動きのある職場にする　136
作りたい社風・風土　139
革新型の職場を維持するための七項目　145

第5章 社員の心を一つにする「企業理念の考え方・作り方」

世界の優良企業は理念を重視している 150

世界の優良企業の理念 150
理念に共通項はないが組織への浸透に何百もの方法を使っている 153
活性創造のマネジメントのすすめ 155
会社はなりたいと思っている方向になるものである 157
理念の果たす役割 159

理念作りの基本枠組みとそのモデル 162

企業理念の構図と各社のパターン 162
企業理念のモデル 167
企業理念のパターン 168

企業理念作りの手順【プログラム】 178

プロセス参画方式で理念を作る 178

プロジェクトチームを編成する 180
プロジェクトの推進の手順とプログラム 181
理念構築のステップ 186
優良企業に照らして傾向を修正する 192
文化診断書を使って傾向を修正する 194
企業理念作り 197
行動指針作り 198
トップミーティングの進め方 199

第6章 一丸になって行動する「企業理念の浸透の仕方」

企業理念浸透の実践 204
企業理念浸透の考え方・すすめ方 204
理念浸透の具体策（各社のケースに学ぶ） 206

職場ごとの実行計画作り 211
コンセプトブックを創る 213
重点期間を設け浸透していく方法 216
理念を実践した成果の体験発表を行う 217
理念を身につけさせるための管理者の働きかけ 218

第7章 企業の強味を活かす「コア・コンピタンス戦略」

コア・コンピタンス戦略をとる 222
コア・コンピタンスとは何か 222
木の根が成長を支える 223
各社のコア・コンピタンスに学ぶ 224
コア・コンピタンスであるための条件 226
競合他社との違いをはっきりと打ち出す 227

コア・コンピタンスを発掘する 228
コア・コンピタンスの数はいくつが適切か 231
コア・コンピタンスであるかを検証する 232
コア・コンピタンスを見極める五つの視点 233
コア・コンピタンスを再チェックする 235
今こそ得意分野に集中していく時 237

第8章 人と組織を動かす「働きかけ」五つの法

行動変容を促すために働きかけの手法に変化をつける 240
行動変容を促す五つの働きかけ 240
状況と働きかけ方式 242
五つの働きかけ方式の実践 249
実践力を向上するチェックリスト 259

第1章
百年繁栄する「変化適応力」を職場に創る

日本企業百年に見る変化への適応力

日本の企業はあらゆる変化に的確に対応し、この国を発展させてきた歴史があります。江戸時代からのちょんまげを切り落とし、刀を止めて洋装にした明治維新があり、そしてその後、第一次世界大戦、第二次世界大戦と大きな二つの戦争の中を過ごしてきました。敗戦で焼け野原になっても、その中から日本企業は立ち上がってきました。

昭和の「石油ショック」「ドルショック」、そして平成の「リーマンショック」があっても、日本の企業は厳しい変化に的確に対応し、激動の昭和・平成を走り抜き、今日まで世界の中での第三位の経済的地位を確立しています。我々の先輩企業家たちはすぐれた変化への適応力を持っていたと言っていいでしょう。

我々の先輩企業家たちは、職場の「仕組み」を見直し、メンバーの「能力」を向上させ、組織の持つ「風土」に手を打ち、適応条件を整えてきました。外の変化、つまり社会や経済の変化、市場の変化、そしてお客さまの変化を的確ににらんで、それに合わせて組織の内側を意図的計画的に変えてきたのだと思います。

近年では、令和の「コロナショック」がやってきましたが、こうした状況をどう切り抜けていくのかも、大きな課題となっています。振り返ってみますと、経営者の仕事は、組織内に変化への適応力を作り込んでいくことなのです。

今日我々は先輩先達企業家から引き継いだ日本的経営のＤＮＡを継承して、激変する経済や社会の状況の中で変化への即応力を育み、激変する情勢に即応する体質を組織内に作り込んでいくことが大切なのです。

変えるもの、変えてはならないもの

昔から〝易不易〟という言葉があります。つまり、「変えるべきもの」と「変えてはならないもの」があるという意味です。今日の企業を取り巻く情勢下で、もし日ごろから「変えたいと思っているもの」「変えなければならない」と思っているものがあるとしたら、今この時をチャンスとしてとらえて、思い切って変革していくことが大切でありましょう。

そして変革、つまりイノベーションを推し進める上で、職場の体質・メンバーの志向性そのものを「変化を好む体質」にしていくことが最も大切です。

もちろん、新しいことをやろうとすると、抵抗したり、足を引っ張ったりするメンバーも中には存在しますし、決して易しいことではありません。

それでも、外部環境をよく見て、外からの要請を的確につかんで、今こそ変えるべきものを思い切って変えていく第一歩とするべきでありましょう。

ただし、変えてはならないものや守るべきものも必ずあります。それは〝創業者の想い〟であったり〝企業理念〟であったりします。

「何のために、何を実現しようとしてこの事業を行おうとしているのか」

「我が社は誰のために、どこに向かって何に貢献している組織なのか」

こうした〝存在意義〟を明確にしているものが企業理念であります。企業理念や経営の思想は、そう簡単に変えられるものではありません。

現在では、日本的経営が最も大切にしてきた社員やお客さまへの想いが、失われつつあります。昔から日本の企業家は「お客様は神様だ」と語って取引先は親戚のように思って、非常に大切にして、共存共栄の努力をしてきました。「社員は我が子のように思え」と言われて自分の子育てのように、愛を持って育ててきたのが日本的経営の良さであります。

社員への想いや社員愛はそう簡単に変えてはならないものだ、と私は考えます。

日本的経営だからこそ、社員は愛社精神を持ちはじめ、会社へのロイヤリティー（帰属意識）を大事にするものだと考えます。

先輩たちが積み重ね、語り合い、体験し、共有化してきた企業の「あり方」とか「価値観」というものも変えてはならないものです。「我が社の社員はこうあるべき」といった行動指針や社員の存在するあり方も、そう簡単に変えるべきものではありません。

期待に応えて企業価値を上げる

どんなに厳しい環境下におかれても、企業はお客様や社会からの期待や要請に応えていかなければなりません。この期待に全て応えられる体質や能力を持った企業が優良企業と言えます。株価もその企業へ〝期待値の表れ〟だと言われています。

経営者の仕事は、企業価値を上げていくことであるとされていますが、近頃では今ある金や今稼いでいる力より〝将来の稼ぐ力で企業価値が決まる〟と言われています。

また、金を稼ぐ資本も「有形資本」から「無形資本」に移ってきていることも、注目しなくてはなりません。まさに無形資本が金を生む時代であると言ってよいでしょう。人々は価値ある無形資産に投資をするというわけです。

無形資産とは社員の能力であったり、技術、ブランド、人脈、情報チャネル、そして社風・風土などです。企業のブランドや組織の活力、社風・風土こそが未来にかけて大切な力となっていくわけです。今人々は「物を買わず、夢を買う時代」になってきていると言われています。

進歩には波があります。また進歩には見えない進歩もあることも見逃してはなりません。それは経営者の心の進歩であり、社員の精神面の進歩であったりします。

今までのように人々がモノ・金のみを求める時代、つまり物質的な豊かさを求め続ける時代は終わりに近づいてきています。人々は「金にはならなくても幸せになる」ものを求め始めました。幸せになるものを求める人々がここのところ増えてきているのです。

人々は「物から心」へ「物質から精神へ」関心を移してきています。過去はいろいろな面で、より多く、よりたくさんが大切であると「量」を求めてきていましたが、今や「質」を求める流れがあることは確実です。

人々はコロナ禍の時、自宅待機を迫られ、ウェブ会議等が中心となり、職場という共同体集団の中から切り離された日々を過ごしました。

そのことによって、職場（ファミリー的集団）の人々の心は寸断され、共同体としての意識が薄れ、個の世界に入ることにより、心寂しい体験を続けてきました。そうした体験を続けた今こそ、職場開発による心のつながりを持った共同体作りが大切となるのです。

要するに、組織の団結力・結束力であり、上司と部下、またメンバー間の連帯感のことです。〝コンプライアンス〟という言葉が世にはびこり、〝パワハラ〟〝セクハラ〟等の声もここ数年高まってまいりました。

しかし、人々の気持ちや欲は、法律やルールだけではなかなか規制できないものです。

これからは、職場集団のソーシャルノルム（社会規範）がなお一層大切となってきます。こうした社会規範を形成したり、過去の悪しき社会規範を変革するのに、職場開発の手法が有効です。

人々をルールや規制で縛る前に、人間の心の底を覗いてみることが必要ではないでしょうか。人間の心の洞察なしにして、変革の推進はできません。これからの職場の活力作りにおいては、変化してきている人の心への対応が、何よりも大切になってきていると言えましょう。

糸偏を大切にして共同体組織を取り戻す

今、日本の社会は分断されてきています。人々の心は潤いをなくし、横の繋がりが薄れてきている時代だと言われています。

こうした時代には「糸偏」による繋がりが大事だと、私は考えます。糸偏というのは、まず「縁」です、縁を作ること。「出逢いの縁を大事にする」「袖振り合うも他生の縁」と言われますが、今までのお客様との縁や職場のメンバーとの縁をもう一つの糸偏である「絆」へとどう結びつけていくかが大切です。

絆という字を調べてみると、「断ち難い繋がり」となっています。そういう意味では、この繋がりという字が最も大切だと思います。切ってはならない繋がり、またさらに深く結びついていく繋がりとは、いったいどんなものなのか、そしてどんな人達と繋がりたいのかを、考えなければなりません。

今、こうした時代であればこそ、我が社はどんな人と繋がっておかなければならないのかを考えて、再度人脈の見直しが必要です。具体的には、お客さま、取引先、そして地域の人々を一人ひとり見直して、繋がりをさらに創出していくことが大切です。

糸偏をずっと見てみると、「縒《よ》る」とか「綯《な》う」とか「編《あ》む」とか「紡《つむ》ぐ」とか、さまざまな文字があります。

人と人との関係も縒って、綯って、編んでいくことが大切です。時には時間を大切にし、人々の心を紡ぐ、そしてさまざまな活動を通じて編んだり縒ったりしながら、使命実現に向けたコミュニティを形成していくことが大事な時代です。

紡ぐという言葉を調べてみると、「縒りをかけて一筋の糸にしていくこと」とあります。縒りを掛け合うそんな人間関係作りが「糸偏」の時代は大切だと訴えたいと思います。そのためにも本書では、職場のチーム力の向上や企業理念による心の絆作りを勧めているのです。

時間軸を長く持つ

今日のような時代は時間軸を長く持って、何事にも取り組む必要があります。目の前の数字ばかりに心を奪われ、今日の売上や利益を上げること、つまり「今日の飯を食べるため」にどうするかということばかり考えていると、なかなか良い発想や長期的で戦略的な考え方は生まれません。

近未来の望ましい姿を描き、夢やビジョンを打ち出し、未来の姿から現実を見るようにしていくことが大切です。今の延長線上に何があるかと考えるよりは、未来の夢ビジョンから現状の方を見つめて、今何に手を打つべきかと考えるべきでありましょう。

今は苦しいかもしれないが、三年後五年後、いや十年後今やっていることが糧となって、やがて〝百花繚乱〟の大輪の花を咲かせるであろうと思うことです。目先の売上を向上させる活動ばかりに目をやって、心を萎縮させないで、未来の方向に先のほうに目を向けて、夢を膨らませ、その実現に向けて職場の体質・組織基盤を固めていく道のりを考えていくことが、こうした時代にこそ大切なことなのです。

また、近未来に向け、自社の核となる強味を発掘し、それをさらに強めていくコアコンピタンス戦略を考え出すことも「明日のメシ」のためには大切なこととなります。

結果を実現するプロセスに目を向ける

業績の内容や仕事の中身ばかりに目を向けて、結果ばかりを追っていると、心がすさんでしまいます。結果を実現する過程にこそ、目を向けるべきでありましょう。

そして仕事のプロセスをより創造的にし、〝幸せを感じるよう〟自分や部下の〝能力や人間力が向上していくよう〟に仕事のプロセスを考え見つめ直すことが、今こそ大切になっている時かと思います。

仕事を進める過程に目を向けた場合、新たな人との繋がりやまたノウハウの蓄積が大切な時期であることを忘れないようにしましょう。

使命を見つめ志の旗を高く掲げる

多くの人が目先の仕事や業務、そして目の前の利益に目を向かっていく時こそ、志を掲げ、皆の胸をときめかせていくことが、大切ではないでしょうか。いったい「我が社は何のため、誰に貢献するためにこの活動をしているのだろうか」ということを職場のメンバーでディスカッションすることをお勧めします。

つまり、「我が社はどこの誰の何に貢献しようとしているか」と、企業理念を明確に持ち、共有化して取り組んでいくことです。

自己の志や企業理念の実現にブレずに日々進んでいくことこそ、自己の存在が確立されていく道のはずです。必ず一日一回は、自己の志や使命を見つめ直す時間をとるようにしましょう。いったい「自分は何のために誰のために存在しているのか」と考えてみるということです。

このことは、本書で紹介する企業理念作りとその浸透とも深く関わってきています。

第2章

いきいきとした力ある職場を作る「職場開発」の考え方・進め方

職場開発の考え方

企業の活力を作る職場開発を考える

今、企業には活力が求められています。活力ある職場とは下図にあるように「活き活きとした」「力のある職場」のことです。活き活きとは、働きがい、やりがい、そして幸福感のある職場のことです。「力のある職場」というのは、売上や利益が上がっていて、効率性・生産性が高い職場のことを言います。

会社は常に未来に向けて生き続け、成長していかなければなりません。会社には人が存在す

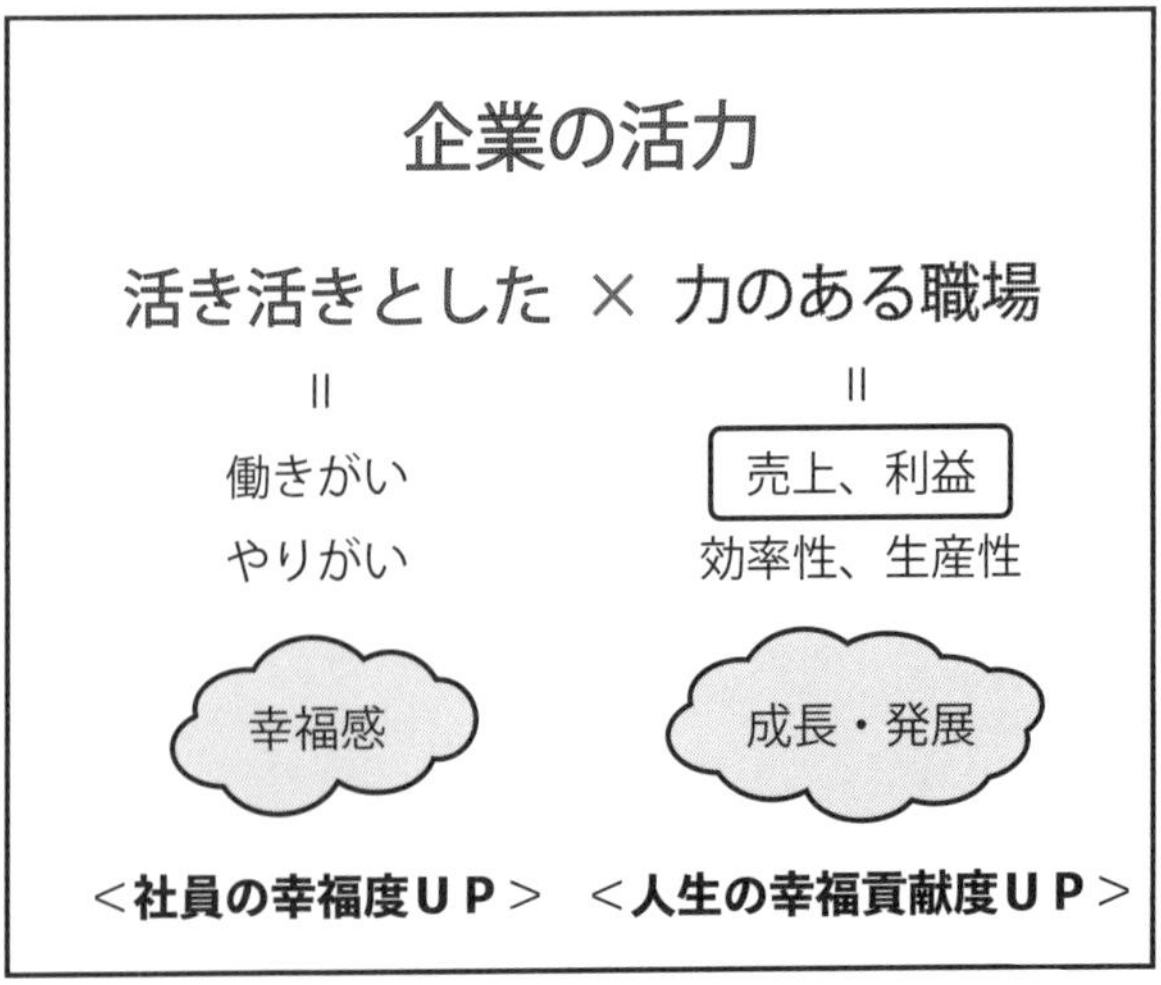

るわけですから、社員が活き活きと成長していくことが望まれるわけです。

成長していくためには、能率とか効率とか生産性を高めていかなければなりません。増収増益を求めなくてはなりません。

環境の変化に合わせて、イノベーションしていくことが大切なポイントになってくることを下図は表しています。

社員が組織の中で成長するためには、社員のやりがい、働きがいという面に、常に注意を払っていなければなりません。創造的な仕事をして、幸福感を持って日々過ごしていくことが大切です。会社が活き、成長することと、そこで働く社員が活き活きと成長することの統合が、経営にとって必要なことだというわけです。

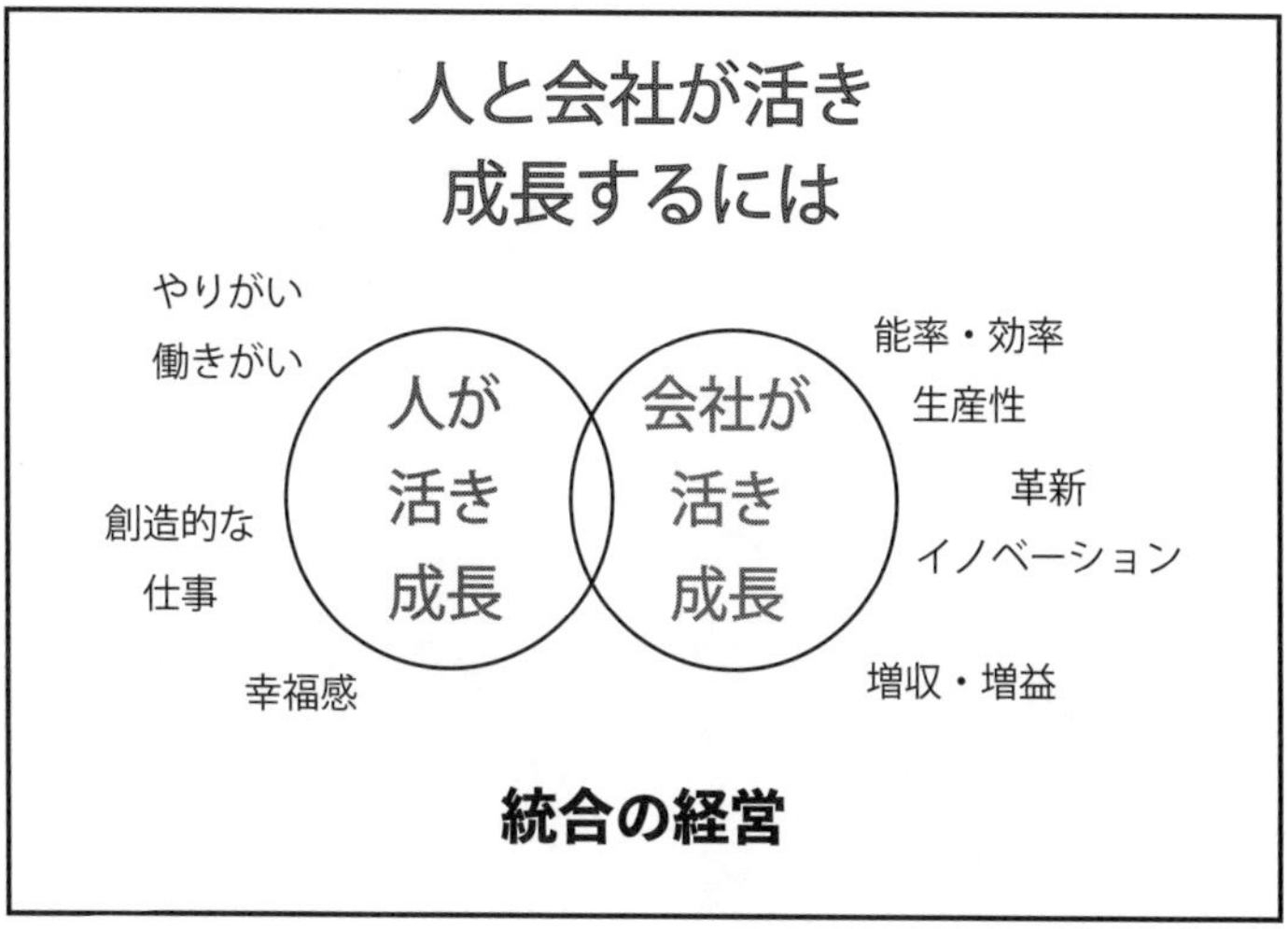

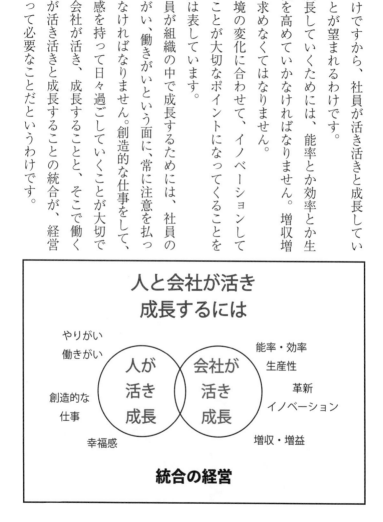

下図に示したように企業は業績の向上と幸せ創造の統合をしていかなければなりません。業績が上がっている職場であっても、社員の心が疲労してしまっていて、やりがい、働きがいもなく、幸せなど全く感じることができない状況であっては問題です。「利を得るのに道あり」という言葉がありますが、利益を生み出すのにどのようなプロセスを踏んだ上での成果であるかを考えていかなければなりません。

これに関しては、下図にありますように、二つの側面を見ていく必要があります。

それは「コンテンツの面」と「プロセスの面」です。コンテンツの側面は業績を上げていくためにマーケティングの方法とか生産管理や

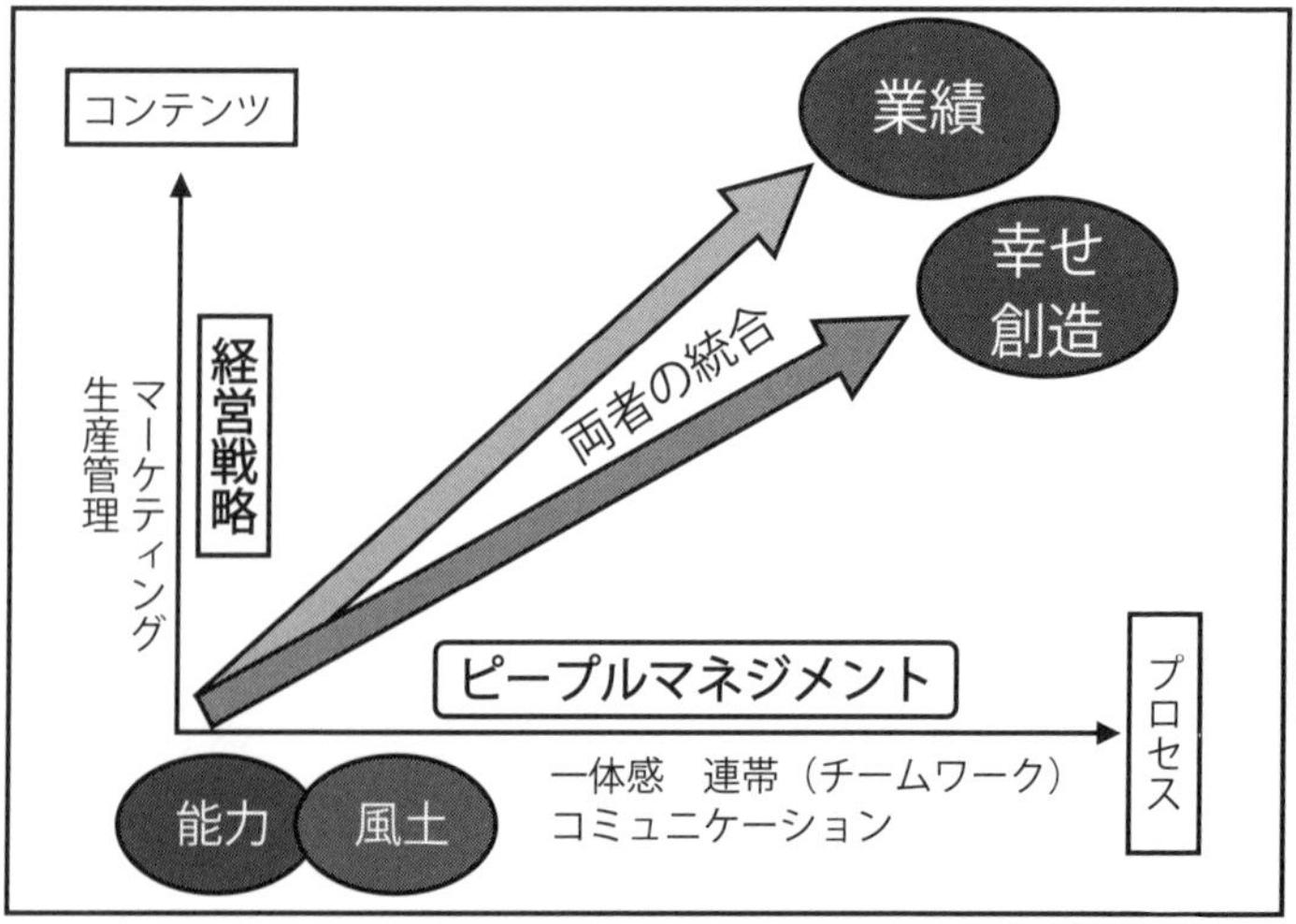

効率を考えることであったり、会社の未来を考える経営戦略的な側面であったりします。

日々の会議等では一般的にコンテンツ側面に焦点を合わせ、「業績を上げるための戦略をどうする」「マーケティングどうする」「生産管理やコスト管理にどう手を打つか」などのことが話し合われていることでしょう。

もう一つ重要なのは、プロセスの側面です。つまり、職場の一体感や連帯感を作り、コミュニケーションを深め、風土を変えていこうとする面です。コンテンツ面を意識しながら、ピープルマネジメントである組織運営のプロセス面に力を入れていくことが、より大切となります。このピープルマネジメント、組織運営面の改善・改革活動を職場開発として行っていくことが大切になるわけです。

考え方・あり方が企業の活力アップの原点

企業の活力アップをしていく上でベースになるのは、「考え方・あり方」です。考え方とは、職場運営に対する考え方であり、働く社員に対する考え方をはじめ、組織運営への考え方などをプラスの方向に持っていくことが大切です。

現代は「ハイテクノロジー・ローフィロソフィー」の時代と言われております。つまりマネジメントやマーケティングの技術は高くなっているが、理念・思想面のレベルは低くなってしまったということです。

例えば、昭和の時代の経営者までは、「利他」つまり相手の幸せを中心にまずは考えてその後に「利己」が必ず回ってくるであろうと考える「自利利他円満」という思想がまだまだ残っておりました。他人や社会の幸福を考えて経営しているのか、それとも単に自分や自社の利益のみを考えて経営していることはないかということです。

中国製の品を日本製とレッテルを張り替えて販売するなど、社会やお客を偽ってまでも自分の利益を得ようとするような企業家が現れてきていることを残念に思う近頃です。

かつて経営の神様と言われたパナソニック（旧・松下電器）の創業者松下幸之助は、「共存共栄」の精神で経営することが大切だと語っていました。現代も「共生」つまりお客や社会と共に生き、発展しながら組織や自己の成長をも合わせて考えるような組織運営の仕方でなくてはならないと思います。

こうした考え方・あり方こそが日本的経営の原点となるところであり、やはり経営者・管理者は「考え方」「あり方」といった思想レベルを向上していくことが何より大切になってくるのです。

管理者のピープルマネジメント力の向上

マネジメントとは、「人を通じて目的を達成すること」と言われています。したがって、管理者は〝人を通じる力〟〝人や組織を動かす力〟を身につけていなくてはなりません。

そのためにも、人間の理解をいかに深めていくかが大切です。人を動かして目的達成しようとした時、〝個人を動かす場合〟と集団である〝組織を扱う場合〟と働きかけの仕方が異なってきます。個人を動かす場合は、心理学的な理論等を中心にモチベーションを上げたり、行動変容を促したりしますが、集団や組織となると、働きがけの方法が少し異なります。

理論的背景には、「社会学」や「行動科学」の理論を身につけて行うこととなります。例えば、グループダイナミックスの理論とか、チームビルディングの考え方等がそれです。

上に立つリーダーは、「企業の人間的側面」を大切にし、組織運営を行っていくことが何より大切です。マネジメントは、「人と仕事を結びつけることである」と言う学者もいます。効率面だけを重視して仕事に人間を関わらせる場合と、「その社員一人ひとりにとってどう仕事に関わってもらうことが生きがいや働きがい、また自己成長や達成感に繋がるのか、結果としてどう社員の幸福感に結びついていくのか」と考える場合とでは、組織の活力が異なってきて当然です。

職場開発アプローチでは、常に人間や人間集団にとって、その仕事や課題をどう扱うことが働きがい、やりがい、幸福感に繋がるのかを考えなくてはなりません。

リーダーは、〝企業の人間的側面〟を絶えず意識しながら、組織運営をしていかねばならないということです。

職場の活力の向上を考える三つの視点

活力ある職場を作るために、以下の三項目を意識して職場開発を進める必要があります。まず第一は、**職場集団の「変化適応力の向上」**です。

近年、世界的なパンデミックによって社会の動きが一変しました。それによって、経済活動、政治の動き等も変化してしまった事実は、私たちがつい身近に味わった体験です。

こうした変化の中で、お客様や取引先、そして内部の社員達も職場への要請や期待も変わってきます。そうした変化にいかに対応していくかということが、職場活動では大切になってきます。それも一つひとつ、上層部や経営者に指示を仰ぐのではなく、職場のメンバーが自分たちで考え、自分たちで決断し、即適応する即応力が大切になってくるのです。

第二は **「自律的問題解決力の向上」** です。

職場を取り巻く問題はたくさんあります。次々と問題もやってきます。それを職場のリーダーが中心となって自分たちの手で問題状況をとらえ、自分たちの手で解決すべき課題を設定し、アイディアを練って、効率よく問題解決する具体策を創り上げていきます。

また実行段階においては、みんなで進捗管理をし、結果を適切に評価し、次のアクションに上手に活かしていく、このような〝自律的な問題解決サイクル〟を繰り返すことによって、職場には問題解決力が作りこまれていくというわけです。

問題が生じた時、その都度上司から指示を受け、上司の指示通りに実行するというスタイルでは、指示に従って行動する力はついていても、職場集団に自律的な問題解決力がつきません。

職場集団そのものに自律的問題解決力をつけ、「自考自走型」組織になっていくことを職場開発では狙っています。

第三に、職場の持つ **「潜在能力を発揮させる」** ことです。

職場の中には、顕在している能力を十分に活かし切っていない組織があります。先に述べたように、トップダウン型で上の命令や指示に従ってのみ動くタイプの組織は、集団の力を十分に活用できず、一部の限られた能力しか活用されていないというケースが多いものです。ましてや、そのような職場の場合、職場に潜在している能力が十分に発揮できるとは限りません。

職場開発は、自分たちで職場を囲む内外の状況や諸問題を自らの手で発掘し、コアとなる重点問題を集中的に解決していくことで、「問題状況A」から「問題状況B」に転換・シフトしていこうというものです。

そのプロセスにおいて、自分たちが今まで気づいていなかったような、潜在していた能力が発揮され、思いがけない成果が生まれるものです。これは、集団による話し合いや語らいのプロセスでシナジー効果が生まれ、職場状況はAからBに転換するばかりでなく、「状況A」からいきなり「状況X」にブレイクスルーする場合もあるわけです。

このように、職場という組織集団の中には、1＋1＋1は3ではなく、5にでも7にでもなるという潜在能力があるということを信じなければなりません。

組織行動の変革のために必要な三点セット

組織集団を変革していくための三点セットは「共有化」「ベクトル合わせ」「エネルギー作り」です。何と言っても、職場メンバーであらゆるものを共有化していくことが大切であるということです。

共有化の質が深まり、レベルが高まると、職場メンバーの向かおうとしている力の方向のベクトルが合っていきます。

それと同時に、職場集団のやる気が高まり、集団の行動へのエネルギーが醸成されてくるというものです。共有化をする内容を考えると、比較的容易なのは、「情報の共有化」です。

次は、「知識やノウハウの共有化」をすることが大切になってきます。

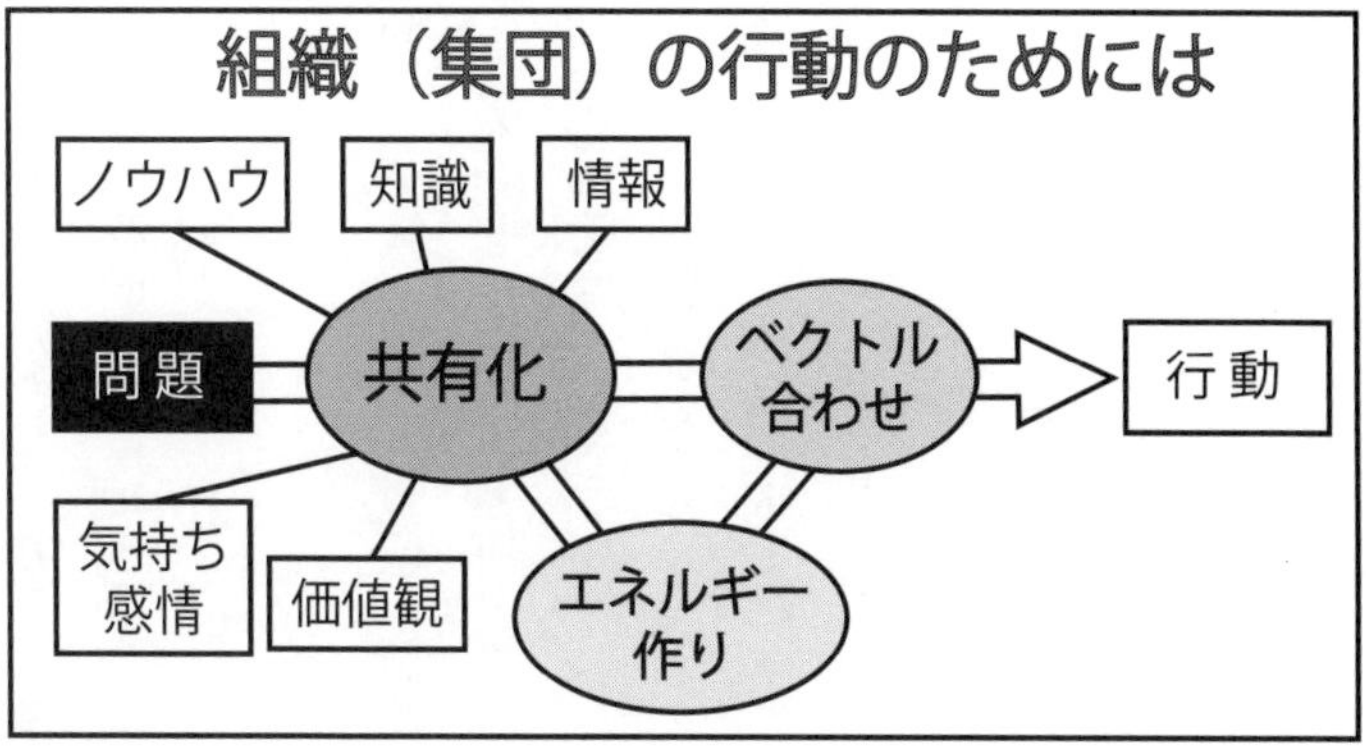

情報・知識ノウハウが共有化されると、職場メンバーは同じように問題を見たり、発掘したりできるようになります。そうすると、「問題の共有化」は比較的容易にできるというわけです。

一方、意外に難しいのが、「価値観」と「気持ちや感情の共有化」です。

価値観は多様でいろいろあると言われていて、レベルの高い価値観とレベルの低い価値観があります。できるだけ、レベルの高い価値観に向けて、共有化していくことが大事です。そのためにも、企業理念や行動指針の共有化が大変大切なものとなってきます。

価値観の中にも、「仕事観」「人間観」「人生観」等さまざまな価値観があるはずです。職場集団の中で一つの意思決定をしようとした時、「なぜそのことをする必要があるか」「その理由は何なのか」「どんな考え方に基づいて行うべきなのか」というように、「ナゼ？」「ナゼ？」と掘り下げて論議すると、価値の共有ができるというものです。

気持ちや感情を共有化すると情念が動きますので、行動へのエネルギーが醸成されます。これらはプラスの面に働いたり、マイナスの面に働いたりするので、注意を要するところです。

例えば、上層部の言動に不満や批判を持ち、それを酒を酌み交わしながら共有化し、盛り上がって「なんとかしよう！」という強いエネルギーになる場合もあります。職場開発では、こうした〝職場メンバーの持つ不満を改善のエネルギーに転換する〟という方法を巧みに活用していきます。

また、もう一つ大事なのは、「経験の共有化」です。同じ場面で同じようなことを体験することによって、「見たり」「聞いたり」「感じたり」と身体を使う五感を持って共有化していくことが非常に大切です。

人は「情報の共有化」より「事実の共有化」をしたほうが全てのものが深まりますし、気づきのエネルギーも促進されます。

というのも、さまざまな事実に触れることによって、感情の共有化もなされるでしょうし、それにより問題意識が高まり、問題共有の質もさらに深まっていくからです。いずれにしても、職場の改善活動にとっては共有化が全ての成功の鍵となっていきます。

職場開発推進の基本となる考え方

職場開発アプローチを使って、改善活動を進めていく場合の基本的な考え方を以下に述べておきましょう。

一、目先の問題解決を行うだけでなく、職場集団の中に自律的な変化への適応力をつけるようにすること

職場には「変化適応力」を職場集団の中に作り込んでいくことが大切です。ともすると、経営者はスピードを重視するがために目先の問題を解決することを優先して、自ら手を打とうとしがちです。

しかし、それによって問題解決できたとしても、職場メンバーに問題解決力や変化への適応力はつきません。職場開発で狙っているのは、最終的に職場集団の中に問題解決力や変化適応体質を作り込んでいくということなのです。

二、職場開発は人間を大切にした改善活動をする

一般の改善活動はどうしても効率的で、機能的に推し進めようとしがちです。

しかし、それにより効率が上がり業績が向上しても、活気のない楽しくない心のすさんだ職場状況を作ってしまうことがしばしばあります。職場メンバーの人間としての気持ちや感情に心を配り、彼らが働きがいを持って働けるような職場運営を目指していかなければならないわけです。

三、日本の職場風土にマッチした日本人の心を大切にした体質作りを行なう

ここ二十年ほどの間に、我が国には欧米的な機能主義のマネジメントが多く入ってきてしまいました。これらの多くは日本の風土になじまず、日本人の心との間で乖離《かいり》が生まれ、諸政策が空回りしてしまう状況もあちこちで生まれてきています。日本人はそもそも共同体主義を大切にする人種なので、みんなで共有し、皆で心一つに一丸となってやっていこうとする風土作りをしていくことが大切なのです。

四、生産性を高め企業の利益作りに貢献することと、社員の幸せを創造する

「会社なので、利益を出して株主に貢献することが最も大切だ。会社は株主のものなんだから」

このように、欧米的マネジメント思想を掲げて力説するマネジャーを見受けますが、職場メンバーは心が渇き、疲れ切っていたりするものです。「会社は株主のものでなく社員全員のものだ」という日本的経営論に基づき、社員のロイヤリティ（帰属意識）を高め、彼らの幸せ感を高めていかねばなりません。

問題を載せるまな板を用意し、料理法をマスターする

下の絵は、職場開発を導入する会社の担当者が描いた絵です。絵を見ると、職場にはいろいろな魚が泳いでいます。これは問題という魚です。

いくら魚(問題)が泳いでいても、その多くの魚(問題)の中から、手のつけられる、つまり料理可能な魚をすくい出し、どんな手順で料理をしたらいいのかその手法や手順をマスターする必要があります。

魚を探し出すためには、いろいろなデータなどをもとに、メンバーで話し合い、共有化していかなければなりません。

そして魚をまな板に乗せ、一定の手順を踏んで料理をして進めていかなければなりません。つまり、問題解決の手順に従って、解決していくというわけ

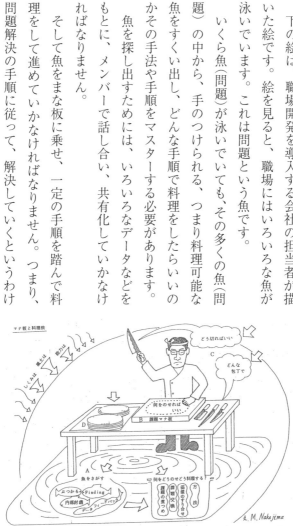

です。課題を煮詰めていくには、それぞれが課題と思われるものを出し合い、なぜそれが必要なのかを語り合う中で、考え方や価値のすり合わせをしていきます。

そして具体的な方法論を職場メンバー全員のベクトルがあったところで、ようやく料理（問題解決）に移ります。まず魚（問題）を包丁（職場解決技法）で形よく切り刻んで、どの皿にどう乗せたらいいのかを相談して決めていくといったように、職場メンバー全員の手でその料理を作りあげていくわけです。

こうした料理を何回も繰り返し、体験することで、メンバーは料理の腕前、つまり問題解決力が高まっていくというものです。

職場によっては魚が昔から何年間も泳いでいるにもかかわらず、それを載せるまな板、つまり問題解決する場やチャンスがなく、また料理法（職場開発の手順）を知らないためにいつまでたっても問題が横たわっています。長年、その問題が経営者やメンバーを苦しめているのです。

こうした職場には一日も早く「まな板」と「料理法」を提供したいものです。

職場開発により活力アップの特徴

職場開発アプローチによる活力アップ七つの特徴

職場開発は管理者個人のリーダーシップによる問題解決と異なり、職場という集団による問題解決活動です。

当然、職場開発ミーティングの話し合いの仕方、集団の運営の仕方によって、その成果が違ってきます。

ここで言う成果とは、職場の風土体質が望ましい形となり、一体感や連帯感が形成され、結果として業績向上に結びついていくというものです。その過程で個人の意識や能力が開発の向上に繋がるのです。

一、問題解決をするのではなく、「問題解決力をつける」
二、目的を追求するのではなく、「プロセスを重視する」
三、不満を解消するのではなく、「不満を改善エネルギーに転換する」
四、やり方だけでなく、「考え方（意識）もセットで変える」
五、ニーズ（必要点）だけでなく、「ウォンツ・ウィル（したい、やりたいこと）を大切にする」
六、考えるだけでなく、「行動しながら考える」
七、合理的分析的なプロセスでなく、**意欲エネルギープロセスを踏む**

以下に七つの特徴それぞれについて、解説していきましょう。

一、問題解決するのではなく「問題解決力をつける」

職場開発は職場の問題をメンバーの手によって発掘改善していくものですが、単に問題を解決していくアプローチではなく、職場集団の問題解決力をつけていくことが大切です。

例えば、子供がお母さんと一緒に料理を作りながら、その手順・ステップを学び、いずれ自分一人でも料理がうまく作れるようになるプロセスと同じです。単に人の料理を手伝うのではなく、料理力をつけていくことを意図して、料理作りのステップを考えて進めていくことです。

二、目的を追求するのではなく「プロセスを重視する」

職場開発では職場の問題を解決し、結果を出せばそれで良いというものではありません。そのプロセスで相互の考え方のすり合わせがなされ、情報・ノウハウが交換されることが大事です。それぞれの考え方や価値観のすり合わせがなされるように運んでいきます。

一部の力を担った人間や発言力のある人がリーダーシップを強くとり、「こういうことだから、こう進めよう」と半ば強引に引っ張るケースをよく見かけます。それではその声に従う力は身についても、職場集団の問題解決力はつきません。皆で話し合い「理解」と「納得」の度合いを深めながら進めていかねばならないのです。

また、職場開発のプロセスでは話し合いを重ねる中で、他メンバーの立場や考えを知ったり、それを受け止めたりすることで、相互の人間関係が改善され、チームワークが高まっていくように運ばなくてはなりません。そのためには、時には普段の会議ではなかなかできないような激論を交わし、本音で語り合うようにする必要があります。

時間がないからと言って、そこで断ち切ってしまわず、相互の納得度が高まるまで続けざるを得ない場面も出てきます。

したがって、職場開発は思いのほか、時間がかかるミーティングになってしまうというわけです。

先輩や同僚の意見を聞いて議論の中に入りながら、一人ひとりの「とらえ方」「意識」が変わり、メンバーの知識の幅も広がっていきます。

また、発言したり、集団の中で時には若手が全体のイニシアティブをとったりしていく中で、それぞれの能力が向上して行くように運びます。

そのため、職場開発を「ファミリートレーニング」であるとか「職場ぐるみ訓練」と語っている専門家もいます。

職場開発で大切なのは、メンバーの「納得のプロセス作り」です。

職場のメンバーの気持ちが一つになり、全員が力を合わせる方向が一致するように、話し合いを運んでいきます。

つまり、皆のベクトルが合うように話し合い、ミーティングプロセスを作り込んでいかねばなりません。

開発ミーティングで決まったことも実施段階で燃焼切れになり、1人抜け2人脱落者が出ていき、最後は一部のメンバーしか実行していないというような場面に時々出くわします。これは職場集団の意欲エネルギー醸成がなされぬまま、走ってしまったことによるものでしょう。職場開発ではメンバーの意見を多く語らせ、しっかりと理解・納得のプロセスを作り、意欲エネルギーを作り込む過程をとっていくことが大切となっていきます。

職場として「やらねばならぬ」「なすべきこと」をメンバー全員の「したい・やりたい」ことに転換していくプロセスをどう作り込んでいくかが、大切となってくるわけです。

これこそが「ニーズのウォンツ化」と言われる集団運営をしていく鍵となる部分なのです。

三、不満を解消するのではなく「不満を改善のエネルギーに転換する」

どの職場にも多かれ少なかれ不満はあります。会議の席では本音で語らず、酒の入ったアフターの席で問題点や不満に思う感情を共有しながら飲み明かしているメンバーは多いかと思われます。この不満のエネルギーを改善のエネルギーに転換していくことが職場開発では大切なのです。

不満＝問題意識の高さ、または改善意欲の源としてとらえるべきです。

逆に、不満もないような職場は問題意識が低く、改善・改革活動に火をつけることが難しいものです。

実は、このように内部メンバー同士に不満もないような職場は、問題意識が低い恐れがあります。このような職場にかぎって職場以外の人やお客様の目から見ると、問題が山積している職場だと見なすケースも少なくありません。

職場開発の手順に従って正しく改革活動を推し進めることによって、職場メンバーの不満は改善へのエネルギーにシフトしていくことが可能となるというわけです。

四、やり方だけではなく「考え方もセットで変える」

物事にはすべて「やり方と考え方」があります。

やり方だけを変えてもその背後にある考え方が変わっていないと、せっかく変革を進めようとしても、また以前と同じように元通りになる恐れがあります。

例えば「新規客の拡充」といった課題に取り組んでも、お客様に対する考え方や利益の管理に対する考え方の差異があります。「若手の能力開発」といった課題も「部門間のコミニケーションの向上」にしても、その狙いや考え方によって、具体的な手の打ち方や実施段階における取り組み方が違ってきます。

やり方の背後にある考え方もセットで変えること、そしてメンバー同士の考え方のすり合わせもしておく努力も欠かせてはなりません。

五、ニーズだけでなく「ウォンツ・ウィルを大切にする」

職場内で上司が会議などで「これは大切なことで今こそやらねばならない」(シュッド)、「これが今こそ必要なことだ」(ニーズ)と押しつけても、職場メンバーの反応は鈍いということはよくあります。メンバーが職場の中で「したい・やりたい」(ウォンツ・ウィル)と思っていることは何かについても、大切に扱ってはいかなければなりません。

例えば、上司が「新商品開発」を強く語っても、メンバーは開発する上で欠かすことのできない「関連部門との情報、交流できない状況にある」と思っていたり、「コミュニケーションルートの改善」を強く思い、それができないと開発の効率が悪いとして、強い問題意識を持っている場合もあります。

人々の「したい・やりたい」箇所にはエネルギーがあり、特に若い人たちには「熱き血潮」がたぎっています。

その部分を大切にして、エネルギーがあるところに火をつけるよう、職場開発を進めるべきです。

マネジメントの仕事は「ニーズのウォンツ化」だと語る専門家もおります。たしかにその通りで、「せねばならない・なすべきことをメンバーのしたい、やりたいこと」に変えていくプロセス作りが大切です。

上司と部下との温度差の問題も多く、課題にされますが、これらはいずれも「情報・知識」の差、また「考え方・とらえ方・価値観の差」が原因であるとされています。

そのためにも、普段からコミニュケーションを密にし、共有化する努力をきめ細かく行い、情報ややり方・考え方のすり合わせをまめにしておくことです。それにより、会社のニーズとメンバーのウォンツの一致度が濃くなるというものです。

コラム：「やらねばならないこと」を「やりたいこと」にする

職場には「やらなくてはならないこと」や「やるべきこと」がたくさんあります。しかし、それは必ずしもメンバーにとっての「したいこと・やりたいこと」とは限りません。

左の図表にも示したように、ウォンツ・ウィルのしたいこと・やりたいことは「心や情」で反応します。したがって、そこには「熱き血潮」が渦巻いており、行動へのエネルギーが存在しています。

一般的に、会社の上層部から社員にやるべきことをトップダウン的に指示命令されることが、依然多いままです。例えば「会社が生き残るためにはこうセネバナラナイ」「お客様を大切にしようと思えばこうスベキである」と語られますが、「ネバナラナイ」やヤルベキ論は頭では理解できるものの、なかなか心がついていかないということがたくさんあります。つまり「理解」はできても「納得」できないというわけです。

これから紹介する職場開発による改善アプローチには、『会社としてやらなければならない、やるべきことをメンバーのしたい、やりたいことに変えていく』方法論や技法が隠されています。つまり、「職場メンバーのしたい、やりたいこと、〝つまり熱き血潮に溢れたエネルギーのある〟「ウォンツ・ウィル」の部分を重点課題として設定するよう導き、そのことにメンバー全員のベクトルを合わせて取り組んでいくという方法をとっているのです。

ニーズのウォンツ化を考え働きかける

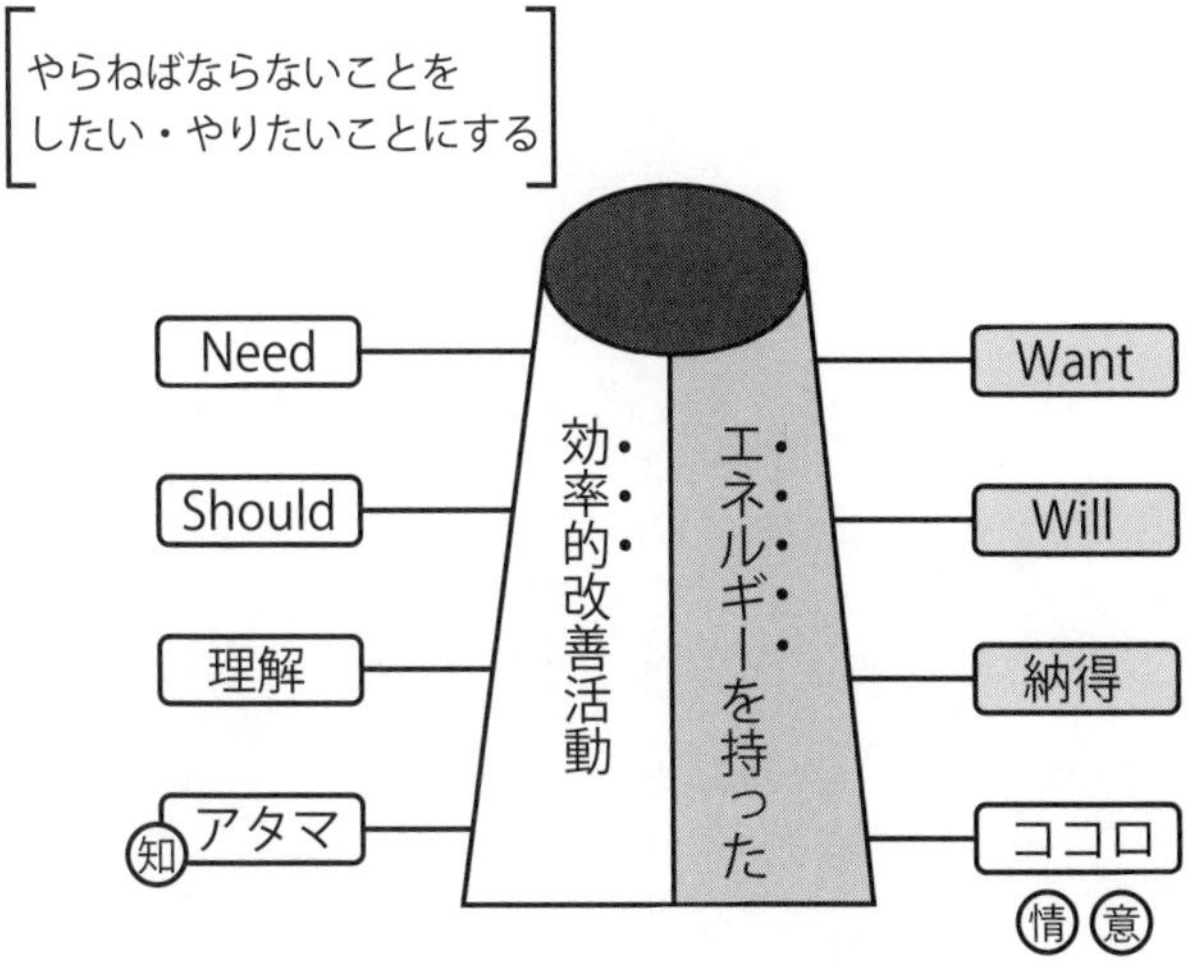

六、考えるのではなく行動しながら考える

これは「アクションリサーチ」の考え方に基づくものです。

よく職場の中には皆で考えすぎて「あーだからできない」「こうなったら無理」と言って、やってもみないうちに〝できないやれない条件〟を並べ立てて、実行に移さない職場をよく見受けます。

職場内に「ともかくやってみよう」「やりながら考えよう」という行動を促したいものです。

そのために、まずは「アクション」を起こし、その結果を振り返り、「リサーチ」をするわけです。「リサーチ、リサーチ、ノンアクション」にならないよう、まずは行動から始めなければなりません。

禅の言葉の中に「動中の工夫」というものがありますが、ともかく動きながら現実に接して、その場その場で創意工夫をしながら進んでいこうというものです。職場開発でも使っている〝開発（デベロップメント）〟はもともとそうしたことを表します。

七、合理的分析的なプロセスではなく「意欲エネルギープロセス」を踏む

職場開発を進めるにあたり、「共有化」「ベクトル合わせ」「エネルギー作り」の3点セットを大切にしてきていますが、職場集団の改善改革への意欲エネルギーが少ないと、決定した事項項目も途中で燃料切れになって、挫折してしまうケースが多くあります。

この意欲エネルギー作りについては、次頁の図表をもとに少し詳しく述べておきましょう。

一般的に職場内に問題が生じた場合、どのように手を打ち、問題解決をしているかを見てみると、①現状を調査して、②状況を合理的に分析します。そして、職場の優れ者二、三人のメンバー、または上層部や管理職がいろいろと考えをめぐらし、③解決策を作ります。

そして、④方針や制度を作ったり、細かな手順や手続き方法なども考え、それを職場内に通達し、実行に移させようとします。

しかし、トップダウンのこうしたやり方は、時には、⑤メンバーの理解と納得を得られず、途中で、⑥挫折、断念することが多いものです。そこで、⑦メンバーを集めて教育をしたり、強烈な働きかけをしたりして、なんとかして実施に移そうとしますが、これもまたなかなか思うようにいかないのが実態です。

　こうした「合理的な問題解決のサイクル」に対して、職場開発では、「意欲を作るサイクル」をそのプロセスの中に採り入れます。問題が生じた場合、具体的にはどのようになっているのか、職場メンバー全員で、①ファクト（事実）の共有をします。そして、それらをめぐって、その背景やそれによって生じているさまざまな障害等を語り合いながら、「このままではいけない」「なんとかしよう」という、②意欲（ウォンツ）作りをしていきます。この部分に全体の七割ぐらいの力をかけます。

　こうしてメンバーのエネルギー作りができた段階で、③新しい考え方や手法技法を

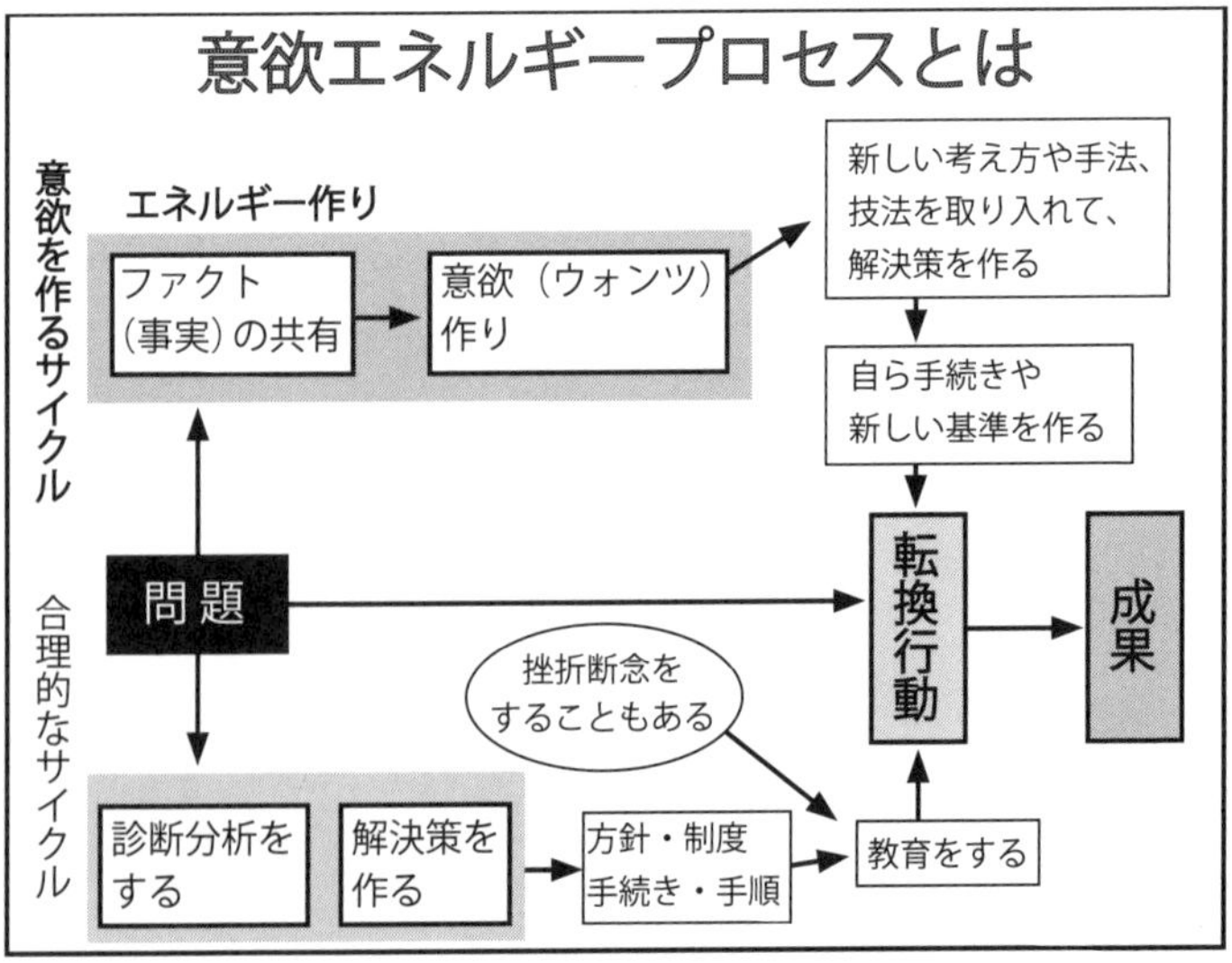

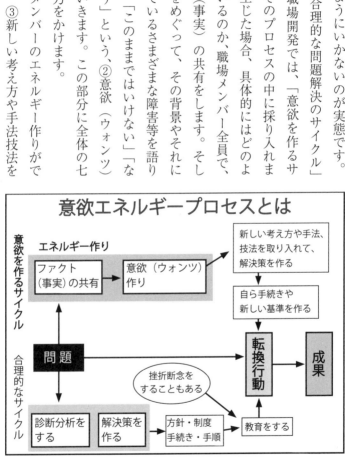

採り入れ、自分たちでアイディアを出し合い、解決策を作り出します。

④自ら手続きや新たな基準を作り上げることにより、彼らの中にはみんなで協力し、早く手を打って成果を上げていこうという意欲・エネルギーが、さらに高まっていきます。

こうした過程を通じて、⑤転換行動をとることにより、⑥成果に結びつく確率が高まっていき、実行過程においても、彼らの責任意識や実行への意欲も高くなります。そのプロセスにはやりがい働きがいもあり、成果が出た場合も達成感が大きいというものです。

まとめ：プロセスで重視すべき七つの項目

一、一人ひとりの考え方が交換されるように
二、情報ノウハウが交換できるように
三、考え方・価値観のすり合わせがなされるように
四、相互の人間関係が改善され、チームワークが高まるように
五、一人ひとりの意識が変わり能力が向上するように
六、みんなのベクトル（力を向ける方向）が合うように
七、意欲エネルギーが醸成されるように

職場開発の進め方と実践ケースの紹介

職場開発のプロセス

プロセス1　問題の意識化と共有化

職場開発の第一のステップは「問題の共有化」です。そのためにいろいろな方法・ツールを使い、問題を共有化していくわけです。主に、「データフィードバック」という手法をとります。この方法は社員にアンケートを実施し、その結果を全員に明示し、職場の強み、弱みをデータ化し、それをそのままメンバーに提示することです。

また、お客様の声をアンケートでとったり、ヒアリングしたりしたら、その結果を分類、分析、構造化して職場メンバーに報告レポートとして提示するというやり方もあります。

アンケートや顧客ヒアリング等のデータを使うことも望ましいやり方なのですが、ここでは、職場メンバーの心の中にある問題意識をそのままデータ化する方法を紹介していきましょう。

まず、「今、皆さんが職場内で最も問題だと思っている事実をフセンに五枚から七枚、記入してください」と指示します。すると、十人いれば、五十〜七十枚、六人が五枚ずつ出しても、三十枚のラベルが集まるでしょう。

それを一人ひとりが順に読み上げて分類していきます。すると、「上下のコミュニケーションの問題」「部門間のコミュニケーション問題」「連携体制の問題」、あるいは「若手や中堅メンバーの能力開発の問題」、「顧客管理の問題」等というように分類され、それぞれのメンバーのその場での問題意識を一つの事実・データとし、共有化されていくはずです。

ここでは、さまざまな角度から集めることができたデータをそのままフィードバックをすることによって、問題をメンバーが改めて認知することから始めていきます。

問題を認知すると、職場メンバーはその背景にある実態や諸状況も語り出すので、彼らにとっては今まで心の中にたまっていた『不満や、もやもやのはき出し』をする場となっていきます。

人は不満やもやもやが頭や胸にいっぱいつまっている状況では、前に向かって一歩進もうという気持ちには、なかなかなれないものです。

そこで、こうした「不満や、もやもやのはき出し」をプロセスの中に組み込むことは、問題の共有化の過程で大切な流れとなるのです。

そうして語り合いを続けていくことにより、メンバーは真の問題に気づき、受け入れていくというわけです。職場開発にとって、この問題の意識化と共有化はとても大切なプロセスで、このプロセスに七十パーセントの時間とエネルギーをかけることが大切であると言われています。

プロセス2　課題のベクトル合わせ

問題を列記し、問題と問題との因果関係や関連を考える「○○が□□だから△△がこうなっている」「○○によって△△を生んでいる」など、問題を構造的にとらえて、その核となっている問題を明確にしていきます。

その明示された問題群を見ながら、「こうしたらこうなる」と発想しながら、課題を二、三項目考え、「実現可能性」や「効果性」を考え、語り合いながら重点課題を絞り込んでいき、全員が向かうべき方向であるベクトルを合わせていきます。

例えば、「部門間の連携を密にするため、コミュニケーションの機会を増やす」というように、重点課題は具体策とは言えませんが、解決の方向性を表すものになります。

このようにして、重点課題のベクトル合わせが進んでいくというわけです。

プロセス3　学習と解決策作り

重点課題が決まったら、それに対して具体的な解決策や方法論としてどういうものがあるのか、自分たちでさまざまな学習をしていきます。

例えば、「コミュニケーションの向上」に関するような課題であった場合は、コミュニケーションの理論や手法はもちろん、各社が行っているユニークなコミュニケーションの方法について情報を集めたり、学んだりします。対面状況のコミュニケーション方法だけではなく、ウェブでのコミュニケーションのとり方、在り方も各社いろいろと工夫されています。今どきは職場内のメンバー間であっても、SNSを使ったりLINEやメッセンジャーを使ったやりとりなどを学ぶといったものです。

例えば、「新商品を元に新規開拓による顧客の拡充」といった課題が設定された場合は、新規開拓の方法について、全員で学び、新しい方法等や在り方を手に入れていきます。それからそれぞれの手法についての具体的なアイディアを出し合い、それぞれについて「効果性」や「実行可能性」を評価し、実施プランに落とし込んでいきます。

それらの具体策は「いつまでに」「誰が担当」して行うのか、具体的なアクションプランとして落とし込んでいくことが大事です。ここでは、実施後の「フォローの方法」まで含めて計画していきます。

よく使われる開発計画書の例としては、65頁の表のようなものがあげられます。参考にしてみてください。

プロセス4　実施と定着化

プロセス4は、アクションプランに従って実施し、新しい動きを定着していく段階です。はじめの一、二カ月の間は勢いで続く場合もありますが、放っておくと後戻りしてしまう恐れもありますので、さまざまな〝歯止め策〟も合わせて考え、実施していきます。

二、三カ月経過したところで、実施状況を振り返ってみましょう。

例えば、実際に「打った手は何か」「実施したことは何か」、また次にその「成果・結果」はどうなっているかを、全員で話し合って列記していきます。

成果を確認しながら、メンバーで達成感を味わうことは大切なプロセスであります。そして最後に、「今後の課題」として、実施経過の反省を踏まえ、次の段階として具体的にどんな手を打っていくのかを考え、再び、実行プランとしていくという流れを踏みます。

以上、紹介したような「①問題の共有化」、「②重点課題の設定」、「③学習と解決策作り」、「④実施と定着化」の四つのステップを、〝意図的計画的〟に回していくことによって、職場には問題解決力がついていくというわけです。

職場開発計画書

重点課題 What	しくみ面での 具体策・方策 How	担当 Who	スケジュール When	能力面での 具体策・方策 How	担当 Who	スケジュール When	風土面での 具体策・方策 How	担当 Who	スケジュール When

【事例研究】職場開発の実践例

職場開発の具体的なストーリーについて読者の皆さんにイメージしていただくため、某企業の実例をもとに解説していきたいと思います。

ステップ1　組織の長がどんな職場を作りたいのか語り合うミーティング

部長が作りたいと思っている職場の状況の一つは「一体感を醸成したい、一丸となった体制を作りたい」というものでした。

もう一つは「部長の考え方のもとに課長、係長が心を一つに実践していくようにしたい」というものです。

職場の現状の問題点としては「コミュニケーションが悪く横の連携も悪い」「部門間の運営に問題がある」「メンバーは当たり障りのない表面的な発言をしている」などです。

ステップ2　データの収集と分析

職場診断のアンケートを実施しました。これは一般的に行われている三十三項目のチェックシート（90〜92頁参照）を行ってもらう方法を採りました。

〈ステップ1〉部長とのミーティング

部長の作りたい状況

☆一体感＝一丸となった体制を作りたい
☆部長の考え方のもと課長、係長が
　心一つに実践するようにしたい

↓

一人ひとりの能力を引き出したい

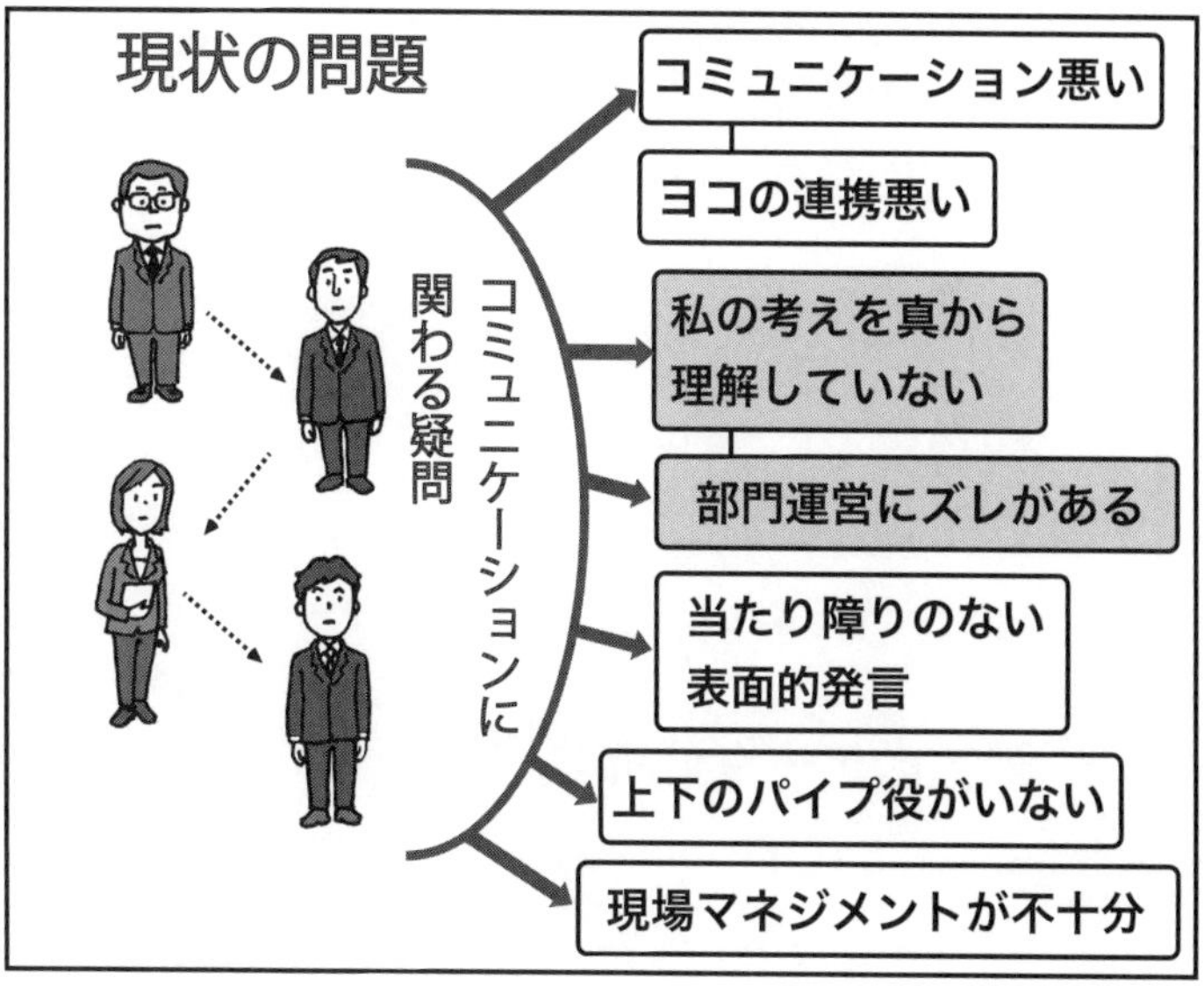

また自由記述式のアンケートとして「近未来にどんな工場にしたいですか」「それを実現していく上でどんな問題が今職場にはありますか」「最も重点を入れて改善しなければならないものは何ですか」などという項目を入れました。

さらに、併せて課長係長へのインタビューも行いました。「あなたがこの職場で一番問題と思っていることは何ですか」「それはなぜですか」「具体的にはどんな状況が生じていますか」「そのことは今後どう改善して行けばいいとお考えですか」というものです。

これらのアンケートやヒアリングの結果は職場のメンバーにフィードバックで

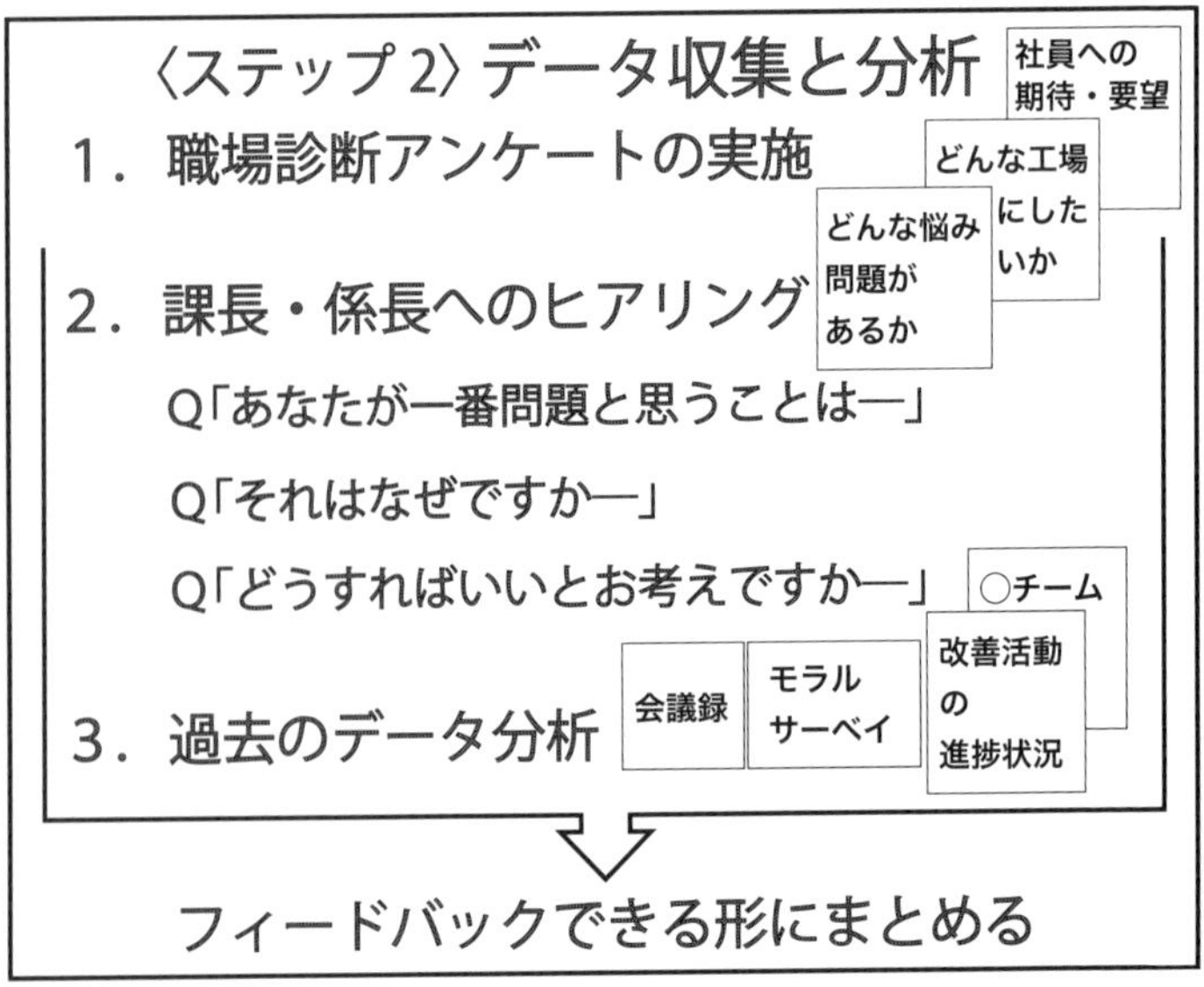
〈ステップ2〉データ収集と分析
社員への期待・要望
1．職場診断アンケートの実施
どんな工場にしたいか
どんな悩み問題があるか
2．課長・係長へのヒアリング
Q「あなたが一番問題と思うことは―」
Q「それはなぜですか―」
Q「どうすればいいとお考えですか―」
○チーム
3．過去のデータ分析
会議録
モラルサーベイ
改善活動の進捗状況
フィードバックできる形にまとめる

きるように分類分析し、まとめていきます。

ステップ３　幹部へのデータフィードバックを行い、進め方の合意を得る

幹部にフィードバックした結果、「やっぱりそうか」といった意見と同時に「今まで気づいていなかったけれども、メンバーはそういう気持ちでいたのかを確認できてよかった」といった意見が出ました。

それにより、「職場開発を一定の期間をかけて意図的計画的に行う」「当面はコミュニケーションの改善に力を入れ一体感を作る」「課長・係長メンバーが中心となって自律集団作りに心がける」ということが決定事項となりました。

〈ステップ３〉
幹部へのデータフィードバックと進め方の合意

A　部長へのフィードバックと進め方合意事項

☆期間をかけ、意図的、計画的に行う
☆当面はコミュニケーションの改善で
　一体感を作る
☆主役 ―――――――――― 自律集団づくり
　＝　　　　　　　　　　　＝
課長・係長メンバー　　第三者（人事担当又はコンサル）は、援助者

ステップ4　課長・係長へのデータフィードバックと問題の共有化

実際のデータを持って課長・係長へアンケートの結果を示します。それを見ながら「このような問題が起きてしまっている背景や事実は何なのか」「なぜそうなってしまったのか」など話し合いが行われました。

データや事実を示しながら話し合いを行う時に、不安やモヤモヤを吐き出すことを意識しました。最終的な問題を共有化できるようになったのです。

ステップ5　問題構造の把握と課題のベクトル合わせ

時間をかけて日頃から思っていることを

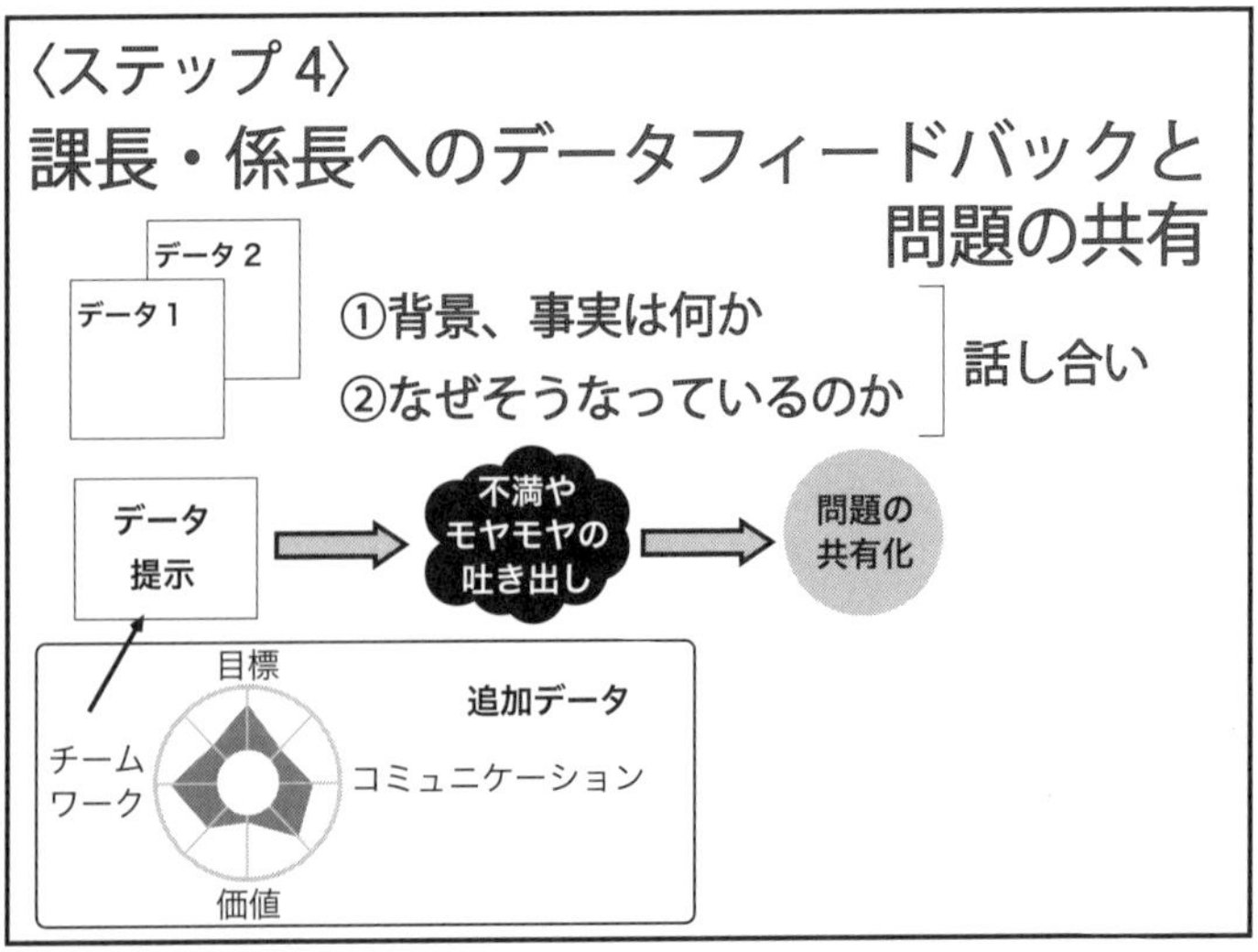

オープンに話し合った結果、問題を構造的に把握することができました。問題を単に箇条書きに羅列して整理しただけではなく、構造的にとらえられたのです。

この職場問題の行動背景を見てみると「トップの方針で結果重視の利潤追求活動が中心となっており、上の目を気にするあまり、表面つくろいの仕事をしている時間が多くなって、課長係長のデスクワークが増加してしまった」ということです。

「デスクワークが増加したことにより、課長・係長が現場に出られなくなり、現場を把握できておらずその結果、近頃では上層部の指示をダイレクトに流すだけになり、それが現場の不信感につながってしまっている」というわけです。

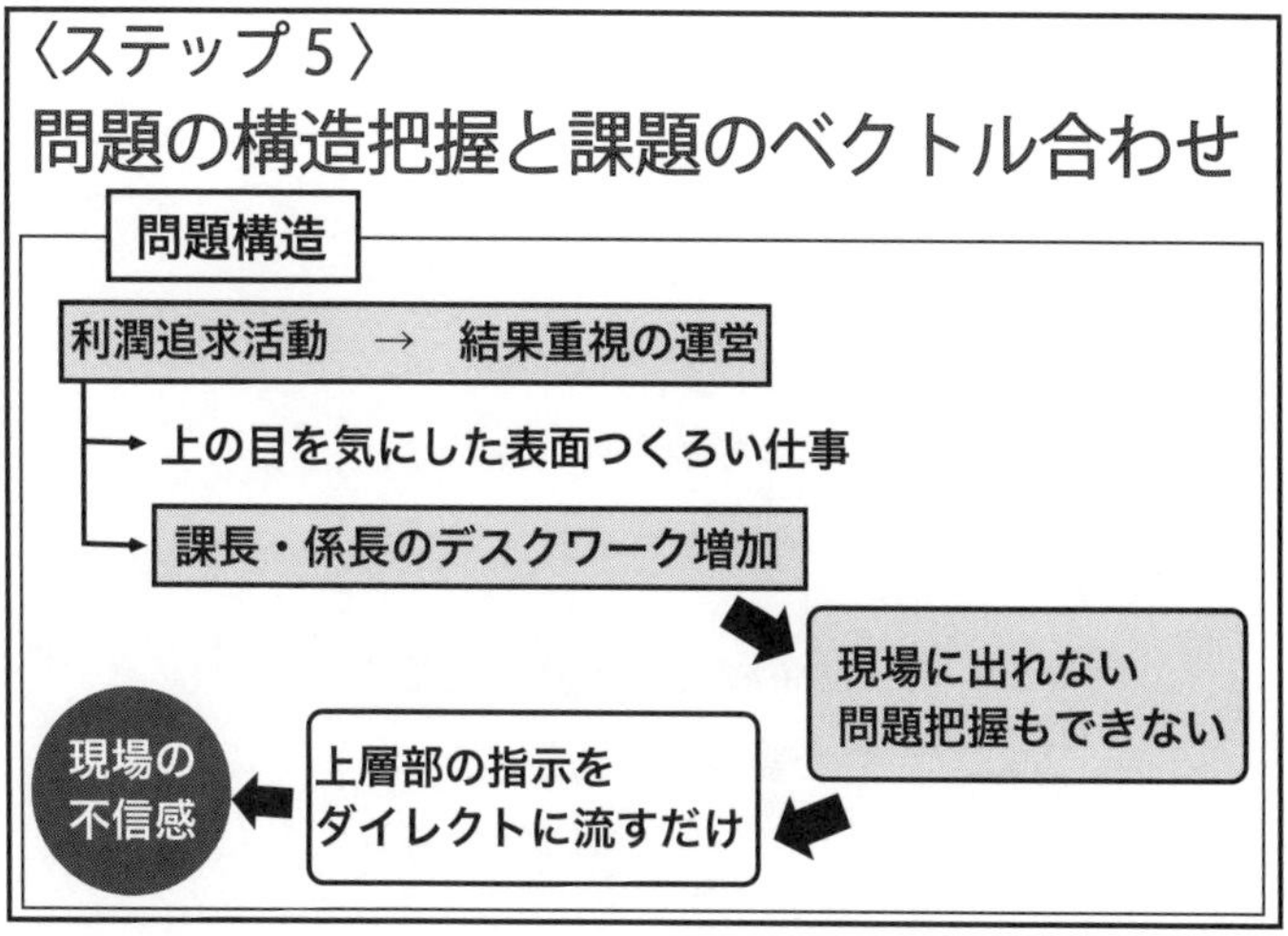

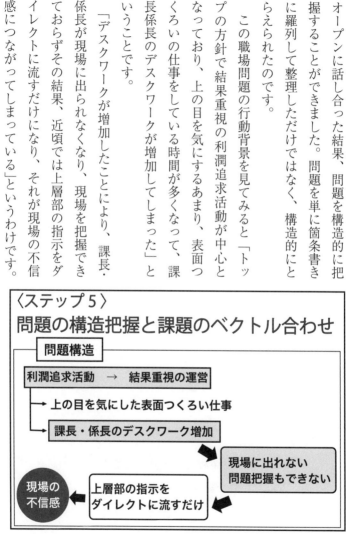

ステップ6　二つの課題作り

みんなで話し合った結果、課題は二つに絞られました。

一つ目は「課長・係長グループの連帯感、信頼感を深めるために情報を密にし協力し合う」。

二つ目は「メンバー一人ひとりの良さや強味が発見でき、やりがいや満足感を得られる風土を作るために、現場とのコミュニケーションを密にする」というものです。

ステップ7　学習と計画作り

重点課題が設定されるとその課題に合わせた学びが始まります。「係長課長間の連携信頼関係を深める」ためにどうしたらいいかというブレインストーミングが行われました。また第三

〈ステップ6〉

二つの課題作り

課題1

課長・係長グループの連帯感、信頼感を深めるために情報を密にし、協力し合う

課題2

メンバー一人ひとりの良さ・強味が発見でき、やりがい、満足感を得られる風土作りのため、現場とのコミュニケーションを密にする

者の講師による情報提供も行われました。

講師からは「職場のコミュニケーション」の理論と他社の事例が紹介されました。「部下指導とマネジメント」というテーマに沿って管理者全員が集まり、コーチングのあり方、動機づけの仕方ややりがい・働きがいの持たせ方など、他社のケースを事例にした話がありました。

これらを整理する場合に活用できる計画表として、73、74頁の図表をご覧ください。

具体的な実施内容としては「工場をきれいにするクリーンキャンペーンを行う」「上司部下の話し合いの機会を作る」「メールやフェイスブックの活用」「勉強会、研究会を定例化する」「報連相制度の導入」などです。

〈ステップ7〉　学習と計画作り

学習

メンバー相互での自己学習

考え方の交換＋行動に移す時のあり方

第三者（コンサルタント）の情報提供

「コミュニケーションについて」→「積極的傾聴法」ビデオ学習

ハードとソフトのコミュニケーションのあり方

「部下指導とマネジメントについて」→
- コーチングのあり方
- 動きづけと意欲作り
- やりがいと欲求充足

「各社での実例について」→Ａ社の改善、活性化のケースを学ぶ

〈ステップ7〉　学習と計画作り

改善計画作り

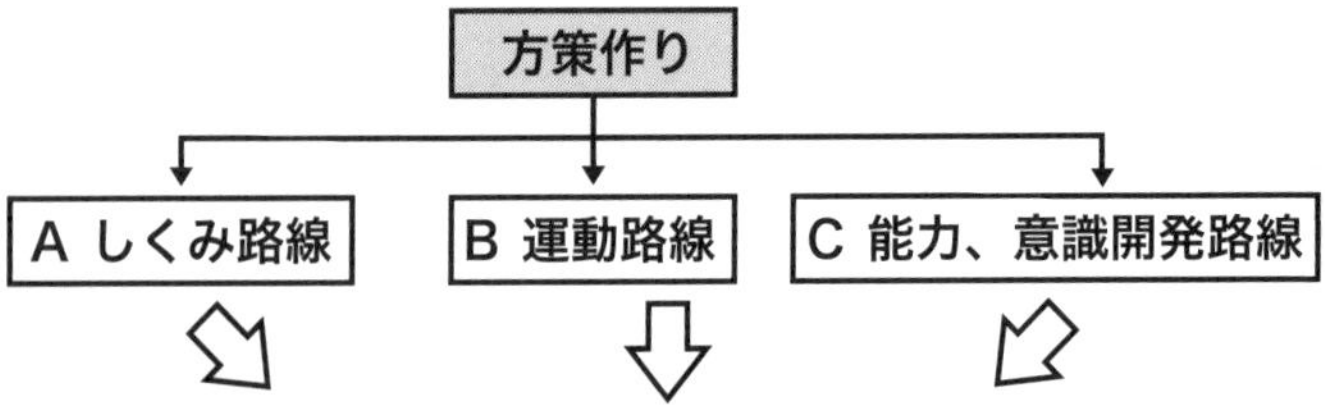

活動計画表

課題	具体策	スケジュール	担当

実施と新しい動きの確認

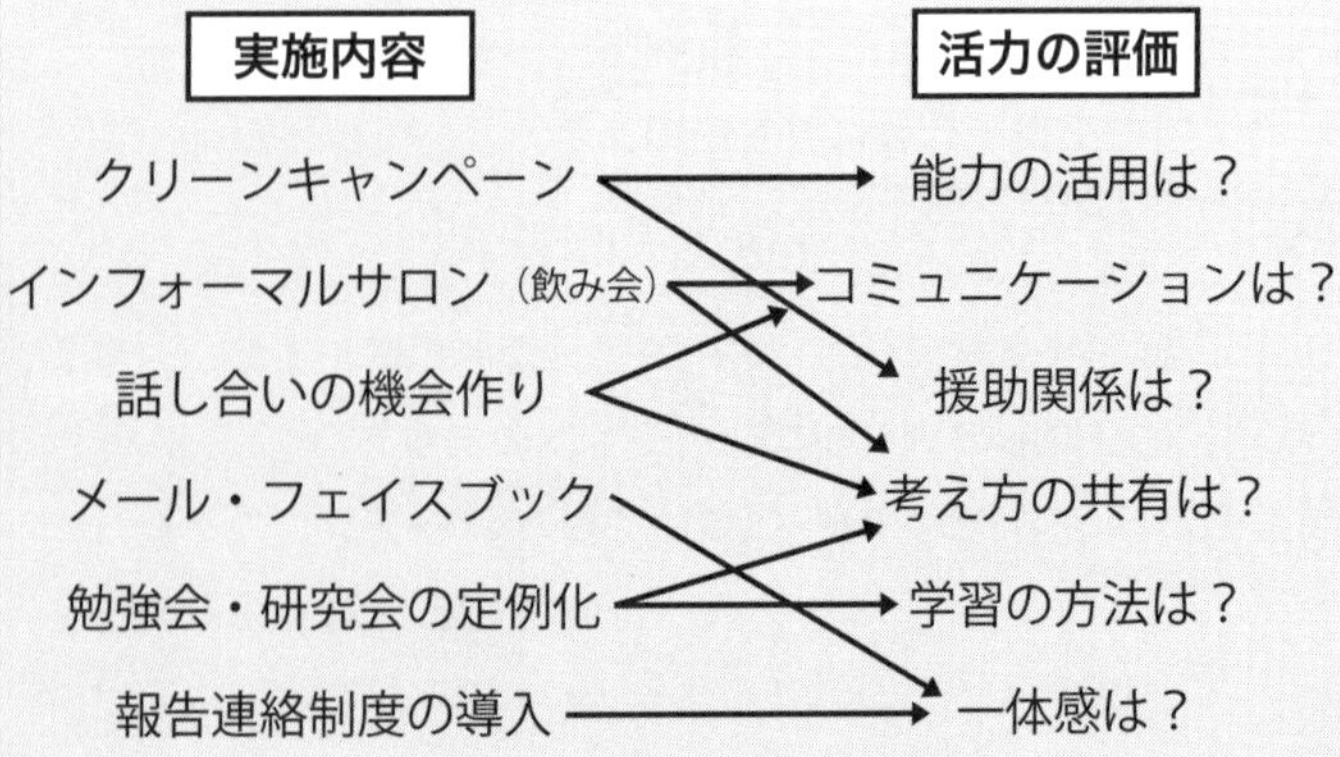

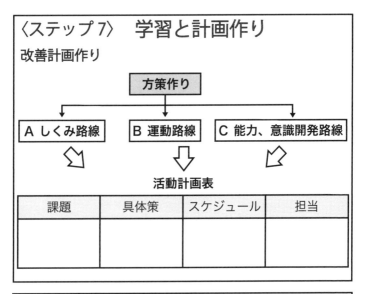

ステップ8　振り返りと新たなプラン作り

数か月実施したところで、計画通りに実施できたのかどうか、結果を振り返ります。

具体的な振り返りとしては、

①打った手、実施したこと

②その成果や動き

③やれなかったこと（障害や問題）

④継続発展のために手を打つこと

これらを整理した上で「何をいつまでに、どのように、だれが」というよう新たな六か月の活動計画を作成し、次のステップに臨みます。

詳しい枠組みは ステップ8の表をご

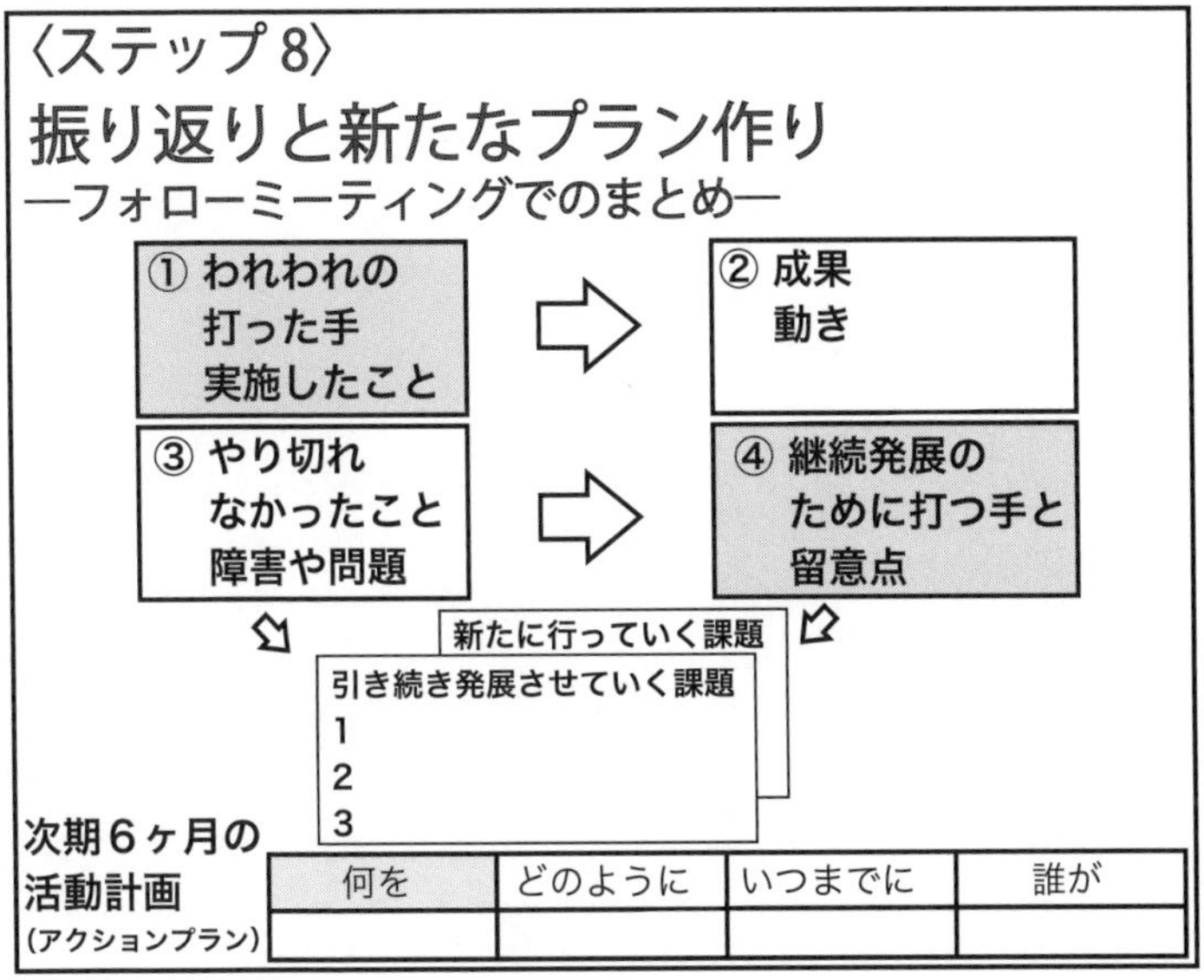

覧ください。

以上、実際に行われた「職場開発のストーリー」です。大まかに職場開発を進めていく流れをイメージしていただきましたが、これらを応用しながら実践への参考にしていただければ、幸いです。

職場開発の仕掛け人のアプローチ手法

職場開発は職場のリーダーが中心となって、自律的主体的に革新活動を推し進めていくことを基本とします。職場によっては、人事部門や改革推進部門のスタッフまたは外部のコンサルタントが各事業部や工場の部門長に改善活動を働きかけ、一連のプログラム推進を援助していくことがしばしばあります。

その場合の働きかけのやり方や援助介入のあり方について、あるケースを中心にその一連のストーリーを紹介しておきましょう。

【職場開発・スタッフの導入・働きかけのストーリー】

一、本部長や職場のリーダーから改革への要請あり

やること：

・各部署から要請や問題の背景を聞く
・その部門のおおまかな問題状況をつかんでおく

ポイント：

①会社の経営方針を推進していく上で、その部門のやるべき課題をつかむ
②現在職場にはどのような問題があり、部門長はどうしていきたいかをつかむ
③改善活動はどういう入り方をしたら無理なくスムーズか、導入方法を探る

二、部門のボス（クライアント）との打ち合わせ

やること：

・部門長（クライアント）に状況を説明してもらい、相

① 本部長や職場のリーダーから要請あり

フムフム、なるほど
ウチの部の悩みと問題なのですが……

手の関心、やりたいこと、やろうとしていること、今抱えている問題を明確にしながら改善・開発活動の合意を得る

・相手の枠組み（考え方・やりたいこと・想い）をつかみ、相手がやりたいこと、やろうとしていること（ニーズ・ウォンツ）の中で開発方向付けをするとともに、相手との信頼関係を築く

ポイント：

①気楽な雰囲気を作り、フランクなやりとりが行える状況を作り出す
②関心ある質問を二、三して、後の話し合いは自由に進める
③相手の訴えるニーズを取り上げ、「何をどうしたら良いか」をつかむ
④相手が最も困っている問題、やりたいことにまずは焦点を合わせて進める。相手が「必要な援助が受けられそうだ」と感じてもらうようにする

② 部門のボス（クライアント）との打ち合わせ

なるほど
……ということですね
それで……は？
私が最もやりたいのは……
なぜかというと
私の考え方として……

三、具体的な事実（データ）を収集する

やること：

・相手が訴える変革の焦点に関連させて必要な情報を収集する
・フィードバックした時に職場のメンバーの間で論議が深まり、共有化が行いやすいよう、事実やデータをまとめる

ポイント：

①データ収集のための調査でなく、メンバーを参加させ巻き込むスタイルでの調査とする（調査のプロセスでも「気づき」を促し活動に巻き込んでいくことを狙う）
②物理的（数量的）データだけではなく、気持ち・感情のデータも収集する（どんな気持ちでいるのか）

③ 具体的な事実（データ）を収集する
インタビュー＋観察
資料を収集
（業績の推移など）
Ex アンケートをとる
① 目標について
② 能力活用
③ コミュニケーション
④ 統制の方法、など
フィードバック
しやすいよう
データを
まとめる

③ 状況を新しい視点でとらえられたり、論議が湧き、メンバー同士で問題の共有化がしやすいようにまとめ方を工夫する

四、データフィードバックミーティングで問題を共有化する

やること：

・まとめられたデータをメンバーに投げかけ、問題がはっきり見えるよう援助する（あくまでコーディネーターとしての援助者の立場）

・事実をもとに問題が共有化され、改善への方向合わせ（ベクトル合わせ）ができるようにガイドする

ポイント：

① データの検討により、問題が浮き彫りにされていくよう、話し合いのプロセスを作る

④ データフィードバックミーティングで問題の共有化

このようにデータが出ましたが……、どう感じられますか？
なんとかしよう
なるほど
やっぱり
そうか
不満
モヤモヤ
不満
モヤモヤ

② データの内容は要約はしても評価はしないようにする

③ 固定観念を抱いているメンバーには事実（ファクトデータ）触れてもらう工夫を凝らし、新しい見方ができるように導く

④ 問題が共有化され、「なんとかしなくては！」と改善へ向けて意欲作りがなされるように持っていく（改善へのエネルギー作り）

五、解決策を検討し、活動計画を作る

やること：

・課題を絞り込み、解決策を考え出す

※必要に応じ、専門家の知恵やノウハウを学び、それらを参考にして自ら具体的改善計画を作っていく。

ポイント：

① 自分で意思決定していくよう、方向付けして

⑤ 解決策を検討し、活動計画を作る
課題
方策
スケジュール
担当
山田
田中
丸山
専門家を呼んで意見を聞いてみよう
そのためにはどうしたらいい？
まずは○○に取り組むことだ
フムフム　いいね

いく（自律性を促すために、決して相手に代わって決定はしない）

②話し合いの状況に働きかけ、「中心となって改善していくのは自分たちなのだ」という気持ちと自覚を持たせる

③課題はあれもこれもと手を打たず、重点を絞り、それに対してベクトル（取り組む方向と気持ち）を合わせていく

④成果に対する責任は自分たちにあるんだと言うことをはっきりさせておく（主体性、自律性を持たせるようガイドする）

六、新しい活動を起こしフォローしていくやること：

・新しい行動を試みる段階であり、それが実施しやすい状況でするため、上層部への働きかけなど適切な援助を行う

・フォローの段階では、「何がどう変わってきたか」「さらにどのような新たな問題が発生してきているか」を明確にしておく

ポイント：

①メンバーの目に明確に映るような変化や成果が出るような活動をまずは中心に据えておく

②少しでも変化成長したものは大いに認め、自信と達成感を味合わせる

③再びデータを使い、行動修正とともに、さらなる発展していくためのフィードバックを行う

④達成感を味わわせ、楽しく意欲を持って改善・開発活動が続けられるような工夫をこらす

⑥ 新しい活動を起こしフォローしていく
なかなか結構です！
素晴らしいです！
ここが特にいい点です！
そのペースです！
ワッセ
ワッセ
改善目標

第3章

強味弱味をはっきりさせる「職場診断と開発技法」

職場診断の進め方

職場診断についての考え方

職場開発における職場診断は、職場の改善・改革活動を進めるにあたり、問題を共有化し、メンバーの気持ちを合わせ、ベクトル合わせしていくための手段としての役割を成すものです。決して診断のための診断ではなく、職場メンバーの話し合いやディスカッションを深めるための診断と言って良いでしょう。

したがって、アンケートのとり方、分類分析の方法など、すべて触媒（相手の変化を促す素材）としての位置づけをして活用します。

ここでは以下に五種類の「診断表」を紹介していきます。それぞれの診断表の活用法を大まかに紹介しておきますので、職場の状況、メンバーの意識の高さや能力レベルに合わせて活用してください。

職場の強味弱味を構造的に把握する

職場状況を把握する場合、88頁にあるように仕組み、能力、風土の三本柱で表します。今の職場は、仕組みと能力、能力と風土というように、それぞれの柱同士がしっかりとベルトがかかった状況にあるかどうかという面を把握していきます。例えば、若者の能力を生かす仕組みになっているかどうか、また女性を活用できる風土や仕組みがあるのかどうかというようなことです。

職場によっては、いまだに「女子社員はパソコン打ちとお茶出し」といった暗黙の規範や風土があります。またよく見られることですが、優良企業で成果を出している人事の仕組みの全方位評価法などを導入したからと言っても、そのシステムに管理職の能力がついていけなかったりすると、実際にはうまく回りません。その仕組みを風土がなし崩しにしてしまうことさえあります。

その仕組みや能力、風土のベルトのかけ具合により、組織の課題が解決できなかったり、目標が達成できなかったり、またメンバーの欲求充足度や幸せ度が下がってしまうというわけです。

職場の構図

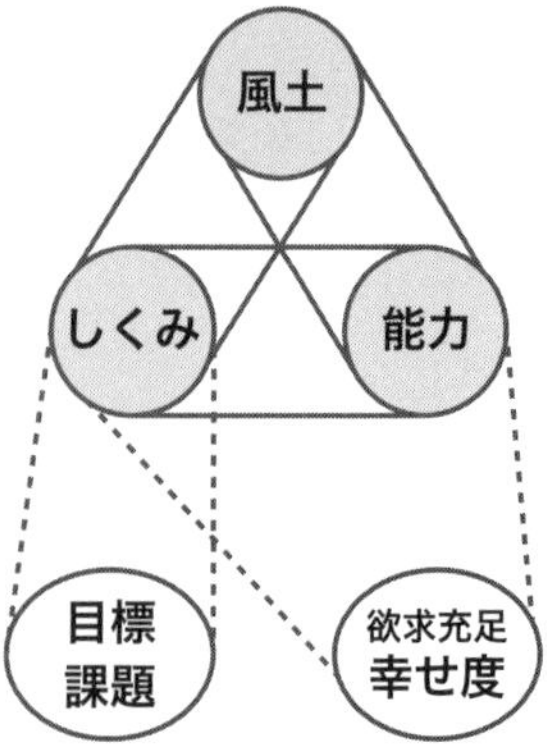

しくみとは

① 目標や計画の立て方
② 指示、命令、報告関係
③ 仕事の分担関係
④ 機能分担
⑤ 統制の仕方、データ
⑥ 援助関係
⑦ 仕事の結果の評価方式
⑧ 就業関係のルール
⑨ 生産販売、技術方式
⑩ その他諸制度や仕事をする上でのしくみ

能力とは

① 職務遂行上必要とされる知識、技術、技能
テクニカルスキル

② 仕事を進める上でのコミュニケーションや人を動かす能力
ヒューマンスキル

③ 問題を発見して、解決していく能力
問題解決力

風土とは

① 職場の価値規範
② 職場の暗黙の行動規範
③ 上下、左右の信頼関係
④ 上下、左右のコミュニケーション
⑤ 上下、左右の援助関係
⑥ 職場メンバーのリーダーシップのとり方
⑦ 意思決定の仕方や、行われる段階
⑧ 影響力関係
⑨ 相互の動機づけのあり方
⑩ チームワークのあり方一体感

職場の活力診断の進め方

職場の活力を診断する場合は、構造的把握をするため、90頁のアンケート診断が使われます。この方式で行うと、職場開発は比較的容易に導入することが可能です。

①まず職場メンバーに無記名方式で15分ほどかけて、思いのままに記入してもらいます。②そしてその結果を集計し、平均点を出した上で、③強味と弱味を分析していきます。また、④管理職と一般との平均点を比較してギャップの多い点などを見ていくと、新たな発見があります。仕組み、能力や風土一つひとつを評価するとともに、⑤仕組み・能力・風土の三本柱のベルトのかかり具合を見ながら、どこをどう変えていったらいいのかを判断できる優れた診断法なのです。

93頁の表はアンケートの集計結果を職場の構造図に合わせて集計するフォーマットです。この表にメンバーの平均点、管理者の平均点を転機して、強味・弱味を分析し職場のどこにどう手を打つか検討していきます。

分析にあたっては、スタッフや上司が一方的に行い、自己マネジメントの実態をつかむ場合もあります。ただし、基本は職場メンバー全員で以下の手順で、強味弱味を分析して問題を共有化していく方法がとられます。以下にその手順を紹介しておきましょう。

職場の活力度診断

無記名

このアンケートは職場の活力を向上するための基礎資料を得るために行うものです。
自分の思った通り、ありのままをつけてください。

Ⅰ 以下についてこの職場ではメンバーは総じてどうですか

	全く違う 1	2	どちらとも言えぬ 3	4	その通り 5
1. 上層部や上司からのコミュニケーションは十分流され、また必要とあればいつでも聞けるようになっている。	1	2	3	4	5
2. 部下から上司・上層部へのコミュニケーションは、十分に流され、また必要とあれば聞けるようになっている。	1	2	3	4	5
3. メンバー相互のコミュニケーションは、十分に流され、また必要とあれば聞けるようになっている。	1	2	3	4	5
4. さまざまなことを決める時、決定の仕方や行われるところは適切となっている。	1	2	3	4	5
5. 計画の立て方やコントロールの仕方についてメンバーは納得しており、これで良いと思っている。	1	2	3	4	5
6. 仕事の結果、良し悪しの評価のやり方やルールについてみんなは納得し、これで良いと思っている。	1	2	3	4	5

Ⅱ 次について総じてどうですか

7. 上司と部下の間に不信はなく、お互いに理解し、信頼し合っている。	1	2	3	4	5
8. メンバー相互の間には不信はなくお互いに理解し合い、信頼し合っている。	1	2	3	4	5
9. 上司と部下間はお互いに、仕事を進める上で積極的に援助を行い、援助を受ける方も快く受け入れている。	1	2	3	4	5
10. メンバー相互は仕事を進めるうえで、積極的に援助を行い合い、援助を受ける方も快く受け入れている。	1	2	3	4	5
11. 職場の一体感は強く、他人の失敗も自分のことのように皆思っている。	1	2	3	4	5
12. 職場の雰囲気は、皆が一生懸命やることを助長している。	1	2	3	4	5

III　次の点についてはどう思いますか

	全く違う		どちらとも言えぬ		その通り
13. 経営者や部長の目標、方針は明確なルートから職場にはっきりと下ろされてきている。	1	2	3	4	5
14. 目標、計画などは公式な場を通じてはっきりと職場へ下ろされてくる。	1	2	3	4	5
15. 他部門からの要請やクレームがある場合、明確なルートや処理方法がある。	1	2	3	4	5
16. 仕事の結果の良し悪しを判断するデータや情報は、常に流されており、これにより、仕事の修正を行っている。	1	2	3	4	5
17. 仕事の結果の良し悪しの評価の方式は、明確になっており、これにより、自分の行動を修正できるようになっている。	1	2	3	4	5
18. 各人の目標、計画などの設定の仕方やルールは明確になっている。	1	2	3	4	5

IV　次の点についてこの職場ではどうですか

19. 職場の指示・命令系統は仕事を進める上で効果的になっている。	1	2	3	4	5
20. 各人の分担している仕事の質や量は、各人の能力と見合っている。(難しすぎもせず、またやさしく単純すぎもしない)	1	2	3	4	5
21. 職場のメンバー間で仕事上で調整する際のやり方や、ルールなどは明確になっている。	1	2	3	4	5
22. 職場内や他部門から必要な情報を入手するルートや方式などは明確にされている。	1	2	3	4	5
23. 仕事の過程で、うまくいっているかどうかチェックする方式や、ルートまたデータなどは明確になっている。	1	2	3	4	5

V この職場の人達は総じて

全く違う　どちらとも言えぬ　その通り

24. 組織（職場）目標や課題が達成されることを自分のことのように思っている。

1 2 3 4 5

25. 自分のやっていることが必ず組織（職場）の目標達成にとって役立つと思っている。

1 2 3 4 5

26. 自分のやっていることは組織（職場）の目標達成とはっきり関連していると思っている。

1 2 3 4 5

27.「業績の向上」「クレームを出さぬこと」「サービスの改善」「自分の仕事の合理化」などに常に関心を払っている。

1 2 3 4 5

28. 他部門や、他職場からの要請や、クレームを受け入れて真剣に考えようとしている。

1 2 3 4 5

VI この職場のメンバーは総じてどのように思っていますか

29. 仕事に対するやりがい、また仕事を通じての自己成長について満足感・幸福感を持っている。

1 2 3 4 5

30. 自分の仕事を認めてもらうこと、あるいは昇進・昇格の機会などについて満足感を覚えている。

1 2 3 4 5

31. 日々の職場生活や、仲間との関係の中で強い満足感を覚えている。

1 2 3 4 5

32. 仕事の将来や、生活の安定について、不安を抱くことはない。

1 2 3 4 5

33. 仕事がうまくいくかどうか上司や仲間から責められたり、圧迫が加わることで不安を感ずることはない。

1 2 3 4 5

診断ワークシート

一般 ｜ 管理者

職場名：

年月日：

診断者名：

Ⅰ 職場運営の納得性

1. 上層部や上司からのコミュニケーションは十分流され、また必要とあればいつでも聞けるようになっている。
2. 部下から上司・上層部へのコミュニケーションは、十分に流され、また必要とあれば聞けるようになっている。
3. メンバー相互のコミュニケーションは、十分に流され、また必要とあれば聞けるようになっている。
4. さまざまなことを決める時、決定の仕方や行われるところは適切となっている。
5. 計画の立て方やコントロールの仕方についてメンバーは納得しており、これで良いと思っている。
6. 仕事の結果、良し悪しの評価のやり方やルールについてみんなは納得し、これで良いと思っている。

Ⅱ 人間関係の円滑さ

7. 上司と部下の間に不信はなく、お互いに理解し、信頼し合っている。
8. メンバー相互の間には不信はなくお互いに理解し合い、信頼し合っている。
9. 上司と部下間はお互いに、仕事を進める上で積極的に援助を行い、援助を受ける方も快く受け入れている。
10. メンバー相互は仕事を進めるうえで、積極的に援助を行い合い、援助を受ける方も快く受け入れている。
11. 職場の一体感は強く、他人の失敗も自分のことのように皆思っている。
12. 職場の雰囲気は、皆が一生懸命やることを助長している。

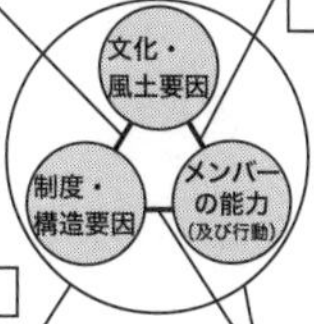

Ⅳ 仕事の進めやすさ

19. 職場の指示・命令系統は仕事を進める上で効果的になっている。
20. 各人の分担している仕事の質や量は、各人の能力と見合っている。(難しすぎもせず、またやさしく単純すぎもしない)
21. 職場のメンバー間で仕事上で調整する際のやり方や、ルールなどは明確になっている。
22. 職場内や他部門から必要な情報を入手するルートや方式などは明確にされている。
23. 仕事の過程で、うまくいっているかどうかチェックする方式や、ルートまたデータなどは明確になっている。

Ⅲ 組織へのしくみ的対応力

13. 経営者や部長の目標、方針は明確なルートから職場にはっきりと下ろされてきている。
14. 目標、計画などは公式な場を通じてはっきりと職場へ下ろされてくる。
15. 他部門からの要請やクレームがある場合、明確なルートや処理方法がある。
16. 仕事の結果の良し悪しを判断するデータや情報は、常に流されており、これにより、仕事の修正を行っている。
17. 仕事の結果の良し悪しの評価の方式は、明確になっており、これにより、自分の行動を修正できるようになっている。
18. 各人の目標、計画などの設定の仕方やルールは明確になっている。

Ⅵ 職場生活への満足度

29. 仕事に対するやりがい、また仕事を通じての自己成長について満足感・幸福感を持っている。
30. 自分の仕事を認めてもらうこと、あるいは昇進・昇格の機会などについて満足感を覚えている。
31. 日々の職場生活や、仲間との関係の中で強い満足感を覚えている。
32. 仕事の将来や、生活の安定について、不安を抱くことはない。
33. 仕事がうまくいくかどうか上司や仲間から責められたり、圧迫が加わることで不安を感ずることはない。

Ⅵ 組織への帰属意識

24. 組織（職場）目標や課題が達成されることを自分のことのように思っている。
25. 自分のやっていることが必ず組織（職場）の目標達成にとって役立つと思っている。
26. 自分のやっていることは組織（職場）の目標達成とはっきり関連していると思っている。
27. 「業績の向上」「クレームを出さぬこと」「サービスの改善」「自分の仕事の合理化」などに常に関心をはらっている。
28. 他部門や、他職場からの要請や、クレームを受け入れて真剣に考えようとしている。

組織の欲求する課題

メンバーの欲求充足

診断から職場開発の導入への手順

ステップ1　診断ワークシートに強味○と弱味△とギャップ□を記入し分析する

① 93頁のワークシートの中で、点数（一般のメンバーの平均点をもとにする）の高いものを上から6～8項目（点数に差がない場合、上位10～12項目までは可）○印をつけてください。

② アンケート集計表の中で、点数の低いものに下から6～8項目（点数に差がない場合10～12項目までは可）△印をつけてください。

③ 管理者の平均点と一般メンバーの平均点が1・0以上開きのある（差がある）ものには□印を重ねて（○や△とダブってても可）つけてください。

ステップ2　強味、弱味を分析し共有化する

① 模造紙に強味だけを（点数の高い○印のもの）書き出して眺めてください。

② 模造紙に弱味だけを（点数の低い△印のもの）を書き出して眺めてください。

③ 強味同士、弱味同士を関連付けながら（「これがこうだからこうなっている」というように構造的に判断し）「要するにウチの職場はどんな状況か」を話し合って共有化

していってください。

ステップ3　背景・理由・事実状況を話し合う

①職場のメンバーがこのような点数をつけている背景として、職場にはどんな事実・背景があるのか話し合ってください。

②事実や背景は（必要に応じ）フセンに書き込んで分類してみるのもいいでしょう（例えば「仕事の量が偏っているので早く帰る人や遅くまでやる人が固定化したまま続けている」「手伝いのアルバイトがやめたので、後片づけと次の仕事の準備に時間がかかってしまっている」等）。

③要するに何が一番の問題の焦点なのか、二つか三つに絞り込んでみてください。

ステップ4　重点課題（何をテーマに改善すべきか）を二、三項目に絞り込む

①当面（三～六か月をめどに）は何を重点的に取り組み、改善していくか「課題」を話し合ってください。

②その時々のスケジュールとの関係も踏まえて「緊急度」の高いもの、「重要度」の高

いものは何かを考えて絞り込んでください。

③その課題は「効果性」があるのか、また「実現可能性」はあるのかも考えてください。

※注）あくまで〝職場開発〟ですから、職場の上長の権限内でできる範囲（自分達で手の打てるもの）に当面は限定してください。

例えば「新人採用量の拡大をする」といった課題は〝人事担当者の課題〟です。「給料制度の見直し」も〝経営者や人事担当〟の課題であり「職場の課題」ではありません。

課題の記入例：

例：「人材確保と定着率向上のため、心の面を中心としたコミュニケーションを図る」

例：「業務負担軽減のため、新しい仕組みを作る（業務量・業務内容の分担化を図る）」

例：「エンドユーザーに気持ち良くご利用いただくために、感動と満足をお届けする」

ステップ5　具体策、改善策作り

①それぞれの課題について「具体的にどうしたらいいか」「今打つべき手は何か」アイデアを個人個人が10分ほど考えてメモしてください【個人ワーク】。

②考えた具体策のアイデアを一人一項目ずつ順に発表し、それを模造紙に書き出してください【グループワーク】。
③全て出し終わったら一人ずつ自分の出した具体策（アイデア項目）を説明してください。
④列記されたアイデア、具体策の中から「皆で力を合わせてやろう」という実行項目を（効果性×実現可能性を考え）全員が理解し、納得した上で決めてください。

ステップ６　役割分担とスケジュール

①それぞれの実施事項について、担当者を決めるか、ひとつの課題を責任を持って進捗管理して遂行するセンターマン（中心人物）を決めてください。
課題ごとに三、四人で推進チームや改善プロジェクトを作ってもいいですし、具体策ごとに推進責任者か、担当者を決めてもいいでしょう。
②それはいつやるのか、またはいつからいつまでやるのか日程スケジュールを決めてください。

③Ⓐ何を（課題）Ⓑどのように（具体策）Ⓒだれが（担当）Ⓓいつ（スケジュール）を再確認し、皆で実行への決意と気持ち合わせをしましょう。

これらの結果は、「職場開発計画書」（65頁図参照）に記入して、職場全員に配布してください。

ステップ7　歯止めとフォロー方法の取り決め

①せっかく決まったことが後ずさりしないよう、歯止めをどうするのか考えましょう（忙しさに紛れて日常業務優先を理由に実行、実践が甘くならぬようにするためです）。

②ⓐ決まった事が実行できているか、ⓑできないのはなぜか、ⓒどう軌道修正していくかなどを実践段階で振り返り、チェックする方法を決めておきましょう。

③日常の会議や業務ミーティングの流れの中での振り返りの時間をとりフォローし、チェックし、確認し合って定着させていきましょう。

幸せ創造診断について

１００～１０２頁の表の診断は、職場の活力とメンバーの幸せ度を測る診断表です。７つの項目に分類され、35項目のチェックを５段階で行っていくようになっています。まず職場のメンバーに無記名で記入してもらい、平均点を折れ線グラフにすると良いでしょう。

また、項目ごとの総平均点を表す１０１頁表の「幸せ創造診断レーダーチャート」に記入すると、おおまかな強味・弱味の分類ができます。このアンケートに基づき、職場のメンバーが職場開発への導入をしていく場合は、前に述べた（94頁からの）診断から職場開発導入の手順にしたがって、導入進行してください。

幸せ創造企業診断

無記名

□ 一般
□ 管理職

あなたの働いている職場は総じてどのような状態なのか、以下の質問に自分の思った通りありのままを回答欄の番号に○を付けて下さい。

Ⅰ　心通い合う会話ができている

	当てはまらない		どちらとも言えない		当てはまる
	1	2	3	4	5
1．この職場では、誰に対しても自由にものが言える雰囲気がある	1	2	3	4	5
2．相手の立場になって相手の気持ち、感情を大切にした会話を行っている	1	2	3	4	5
3．言葉を使わなくても仲間の考えていることを感じ取ることができる	1	2	3	4	5
4．お互いに相手を思いやった優しい会話ができている	1	2	3	4	5
5．お互いのよさや強みを認めたうえで好意をもって関わりあっている	1	2	3	4	5

Ⅱ　一人ひとりが成長を実感できる

6．お互いに相手の意見を引きだし、相手が自分で気づけるように促している	1	2	3	4	5
7．メンバー一人一人の能力が向上していることを、メンバー全員が理解し認め合っている	1	2	3	4	5
8．お互いの成長目標を理解し支援しあっている	1	2	3	4	5
9．一人一人のありたい姿をわかりやすく表現しみんなで共有している	1	2	3	4	5
10．日々、以前より能力が上がったことを自分自身で実感している	1	2	3	4	5

Ⅲ 心から人の喜びに尽くしている

	当てはまらない		どちらとも言えない		当てはまる
11. 相手がどうしたら喜ぶかを絶えず考えているメンバーが多い	1	2	3	4	5
12. 人の喜びを自分の喜びのように感じているメンバーが多い	1	2	3	4	5
13. 職場のメンバーは他のメンバーのために役立とうとして行動している	1	2	3	4	5
14. お互いに相手がしたいと思っていることを支援しようとして行動している	1	2	3	4	5
15. 見返りを求めないで相手のために行動するメンバーが多い	1	2	3	4	5

Ⅳ 大好きでやりがいのある仕事

16. 自ら考え自ら行動しているメンバーが多い	1	2	3	4	5
17. 自分の仕事そのものや会社のあり方に誇りを持っているメンバーが多い	1	2	3	4	5
18. 仕事が大好きで仕事に価値を感じているメンバーが多い	1	2	3	4	5
19. 今の仕事を通してちょっとした喜びや幸せを発信し分かち合っている	1	2	3	4	5
20. やりがいを感じてワクワク仕事をしているメンバーが多い	1	2	3	4	5

Ⅴ 理念に深く共感している

21. 企業理念に共鳴共感するメンバーが多い	1	2	3	4	5
22. 会社の理念と自分のやりたいことが一致していると感じているメンバーが多い	1	2	3	4	5
23. 自分が会社の理念を実践したことを生き生きと楽しそうに語るメンバーが多い	1	2	3	4	5
24. 企業理念や行動指針に基づいて判断したり行動しているメンバーが多い	1	2	3	4	5
25. 日常の中に企業理念に基づいて行動を振り返る仕組みがある	1	2	3	4	5

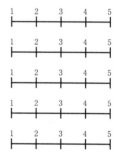

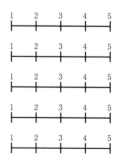

Ⅵ 全員参画型のしくみがある

	1 当てはまらない	2	3 どちらとも言えない	4	5 当てはまる
26. 職場の方向を決めるのに全員の意見を聞いて決定している	1	2	3	4	5
27. 日頃から職場や会社を取り巻く環境や状況についての情報を共有化している	1	2	3	4	5
28. 大きなことを決定する上では必ずメンバーの意見を吸い上げて決めている	1	2	3	4	5
29. ミーティングや会議は全員が発言しやすい雰囲気をつくり発言を促している	1	2	3	4	5
30. 一人ひとりが主役となり全員がリーダーシップを発揮する機会や雰囲気がある	1	2	3	4	5

Ⅶ 社会から尊敬され愛されている

31. お客様はじめ関わる全ての人々から愛され尊敬されているメンバーが多い	1	2	3	4	5
32. お客様や地域・社会の人々から高く評価され褒め称えられ、ファンも多い	1	2	3	4	5
33. 地域・社会の人と交流する機会があり、メンバーは自ら進んで社会貢献している	1	2	3	4	5
34. お客さまや知人があなたの会社を誇りに思い、サービス・商品を積極的に紹介している	1	2	3	4	5
35. 家族や友人が職場の活動に好意を持ち、支援・応援している	1	2	3	4	5

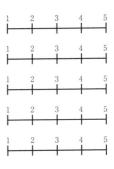

幸せ創造診断 レーダーチャート

職場名＿＿＿＿＿＿＿＿＿＿＿＿＿＿

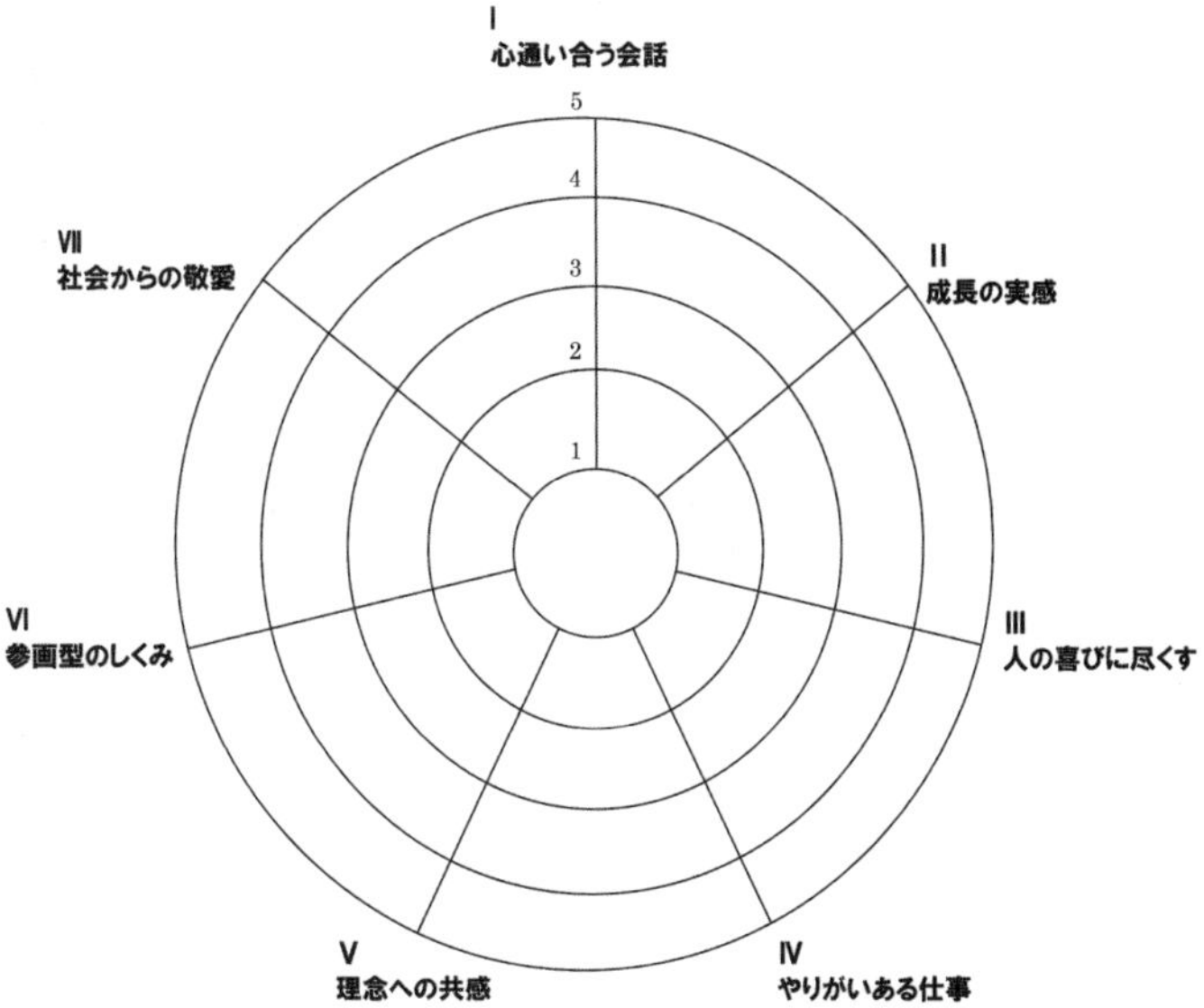

職場の活力診断の進め方

この診断表は、12項目という最もシンプルに職場の集団の活力を図る診断表です。この診断表であれば七、八分で記入が可能です。

①記入した各項目について平均をとり、折れ線グラフを作成し、強みを上位二、三項目○印をつけ、弱みを二、三項目△印をつけ、じっくり眺めて語り合う方法がとられます。

②なお、この集計・平均点を106頁の表のチャートに転記して、全体の傾向を分析しながら、議論に入る方式もあります。

③また少人数のチーム の場合は、上から一人一項目ずつ点数を発表していく方法もとられます。

「目標の受け止めについては私は4点をつけました」「私は2点です」というように、すべてのメンバーが他のメンバーにわかるよう、自分の評価点を伝えていきます。すると、「どうしてあの人は4点で、あの人は2点をつけたんだろう?」という気持ちが働くものです。

このように単に平均点の集計ではなく、問題や気持ちが共有化されていくような手順をとりながら集計していくことが職場開発にとっては大切です。

職場の活力診断

	全く違う		どちらとも言えぬ		その通り
	1	2	3	4	5

1. 目標は明確にされ、一人ひとりはそれを自分のものとして受け止め、達成に向かって主体的に取り組んでいる。 **〔目標の受け止め〕**　1 2 3 4 5

2. メンバーの持っている力を有効に活用し、目標達成や効果的な職場運用のために役立てている。 **〔能力の活用〕**　1 2 3 4 5

3. コミュニケーションは上下左右とも敏速的確でゆがめられておらず、また相互のやりとりもざっくばらん（オープン）で正面からぶつかり合っている。 **〔コミュニケーション〕**　1 2 3 4 5

4. お互いに相手に気を配り、関わり合い、持ちつ持たれつの援助関係がある。 **〔援助関係〕**　1 2 3 4 5

5. 上下間、同僚間はお互いに信頼し合って仕事を進めている。 **〔相互の信頼〕**　1 2 3 4 5

6. 相互の不満や葛藤がある場合にはごまかしたり、否定したりせず、正面から取り組み、むしろ建設的な活用がなされている。 **〔葛藤の処理〕**　1 2 3 4 5

7. 仕事を進めるうえでの考え方について、日頃から話し合いが繰り返され、大まかな方向合わせがなされている。 **〔価値観の共有〕**　1 2 3 4 5

8. 形式や習慣にとらわれず、メンバーはダイナミックに動き、創造と革新が大切にされている。 **〔創造と革新〕**　1 2 3 4 5

9. メンバーは「動いて一考える」というやり方をし、経験から学んでいこうという努力をし、同時に経験ノウハウの交換も積極的になされている。 **〔学習の方法〕**　1 2 3 4 5

10. 誰かが統制を加えるということでなく、一人ひとりが自覚を持って自己統制している。 **〔統制の方法〕**　1 2 3 4 5

11. 問題解決のための意思決定をする時は、できるだけ情報源に近いところで行われる。 **〔意思決定〕**　1 2 3 4 5

12. 参画と同意に、よりさまざまなことが決定され、しっくりいっている。 **〔参画と同意〕**　1 2 3 4 5

職 場 の 活 力 診 断チャート

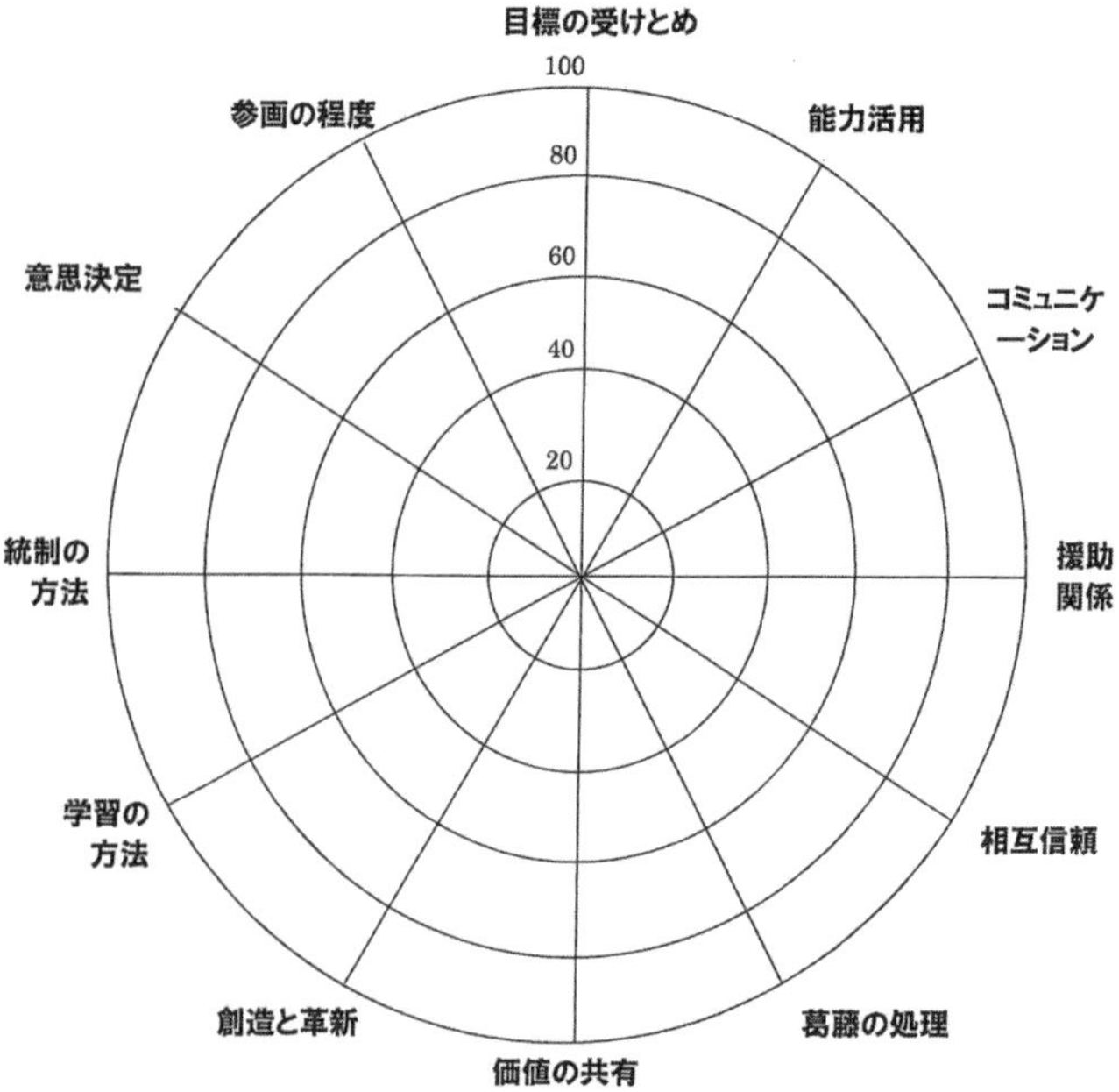

集団（チーム）の活力UPプロセス診断

この診断は１０８頁の「集団の活力アップの条件」に沿って、診断チェックリストが作成されています。

①まず職場メンバーに記入してもらった後、
②全員の平均点を線で結んで、
③強味弱味を眺めながら、
④話し合いに入る場合が一般的です。

もう一つの方法としては、上から順に「目標の共有化」「能力の活用」「職場の雰囲気」というように、一人ひとりが自己の評価点を述べるとともに、その理由を語り合いながら共有化していく方式で進める場合があります。

このチェックリストは集団を図る最も基本的な内容ですので、会議の後などに「今の会議の振り返りをチェックしてみよう」などと言って、手軽に導入でき、活用しやすいものです。

集団（チーム）の活力 UP プロセス診断

全く違う　どちらとも言えぬ　その通り

1 目標を明確にし、共有化している
〔目標づくりへメンバーを参画させ話し合って決定し各自が自分のものとして受け止めている〕

1　2　3　4　5

2 一人ひとりの能力を有効に活用している
〔一人ひとりの特性、個性、能力を良く観て、良く引き出しフルに活用されている〕

1　2　3　4　5

3 当面する課題や目標、問題に合った役割にしている
〔役割分担、コミュニケーションのやり方、リーダーシップの取り方などは状況に合わせ柔軟に変えている〕

1　2　3　4　5

4 職場の雰囲気をざっくばらんでオープンにしている
〔押さえつけたり、制限したりせず自由で自律的行動が許されるようになっている〕

1　2　3　4　5

5 お互いに関わり合い、援助を求め合う機会を増やしている
〔相互に信頼し合い、個性を認め合い、それぞれの役割を尊重している〕

1　2　3　4　5

6 メンバーの欲求や動きを充足させている
〔社会的欲求、自我の欲求、自己実現欲求などの満足を図るようにしている
①達成②責任③仕事の面白さ④承認⑤自己成長などのやる気をの要因に気を配っている〕

1　2　3　4　5

7 成功体験を積み重ね、達成感を味わっている
〔達成感を持たせ、自分の新しい役割や仕事の可能性について自信を持たせている〕

1　2　3　4　5

文化・風土マトリックス診断

１１１頁の表は、シンプルで構造的な枠組みをもとに、職場の文化がどこに位置するのかを話し合いながら、問題を共有化していく場合に使用する診断表です。

まず、職場のメンバーの眼（関心）が「外部」である「お客様や市場に向いているのか」、それとも「上役や他部署など」である「内部」に向いているのかを語らいます。

そして自分たちの職場は、「保守的」で「安全重視」の風土を持っているのか、それとも「創造的」で「挑戦的」な雰囲気を持って日々過ごしているのかを5段階で評価し合っていきます。

当然のことながら、眼が外に向いていて「挑戦的かつ創造的な職場」が望ましいわけですが、多くの職場は、上司の顔色を伺ったり他部署の動きを見ながら、自分たちはどんな行動をするのかを判断する場合が多いものです。

また、行動も「前例重視・事なかれ主義」の官庁組織のような慣習を持っており、どちらかと言うと保守的であり、「安全重視」となっていきがちなものです。

進め方としては、まず①個人で五分ほど職場の姿を自己判断して、縦軸、横軸をチェックします。

そして②全員がどこにつけたのか、語り合うようにしましょう。「私は創造性は2です」「私は保守安全は3です」というように一人ひとりが順番に発表し、その後、③そうした評価をつけた理由、背景、そして職場の実態を語り合います。そして最終的に、職場チームの回答として話をし尽くして、④現場はどこなのか△印をつけます。

ここで大事なのは、「安全保守は2で」とか、「内部思考は3で」というように、全員のコンセンサスをとって位置決めをすることです。

これにより、職場の現状が明確に位置づけられるわけです。現場の位置をはっきりつけさせたら、次は⑤この先、半年から一年でどの状況に持っていきたいのかを話し合って、目標としたい位置づけをしていきます。

例えば「創造・挑戦は3」で「外部思考は4」というように、目標としたい位置を決めていきます。

そして⑥最後にそこに持っていくために、具体的にメンバー全員でどんな行動をして何をどう変えて行くのか、具体策を話し合って決定していこうとするものです。

一見、シンプルに見える文化診断表ですが、最も基本となる四項目を押さえているため、話が深まっていくことが期待できます。

文化・風土マトリックス診断

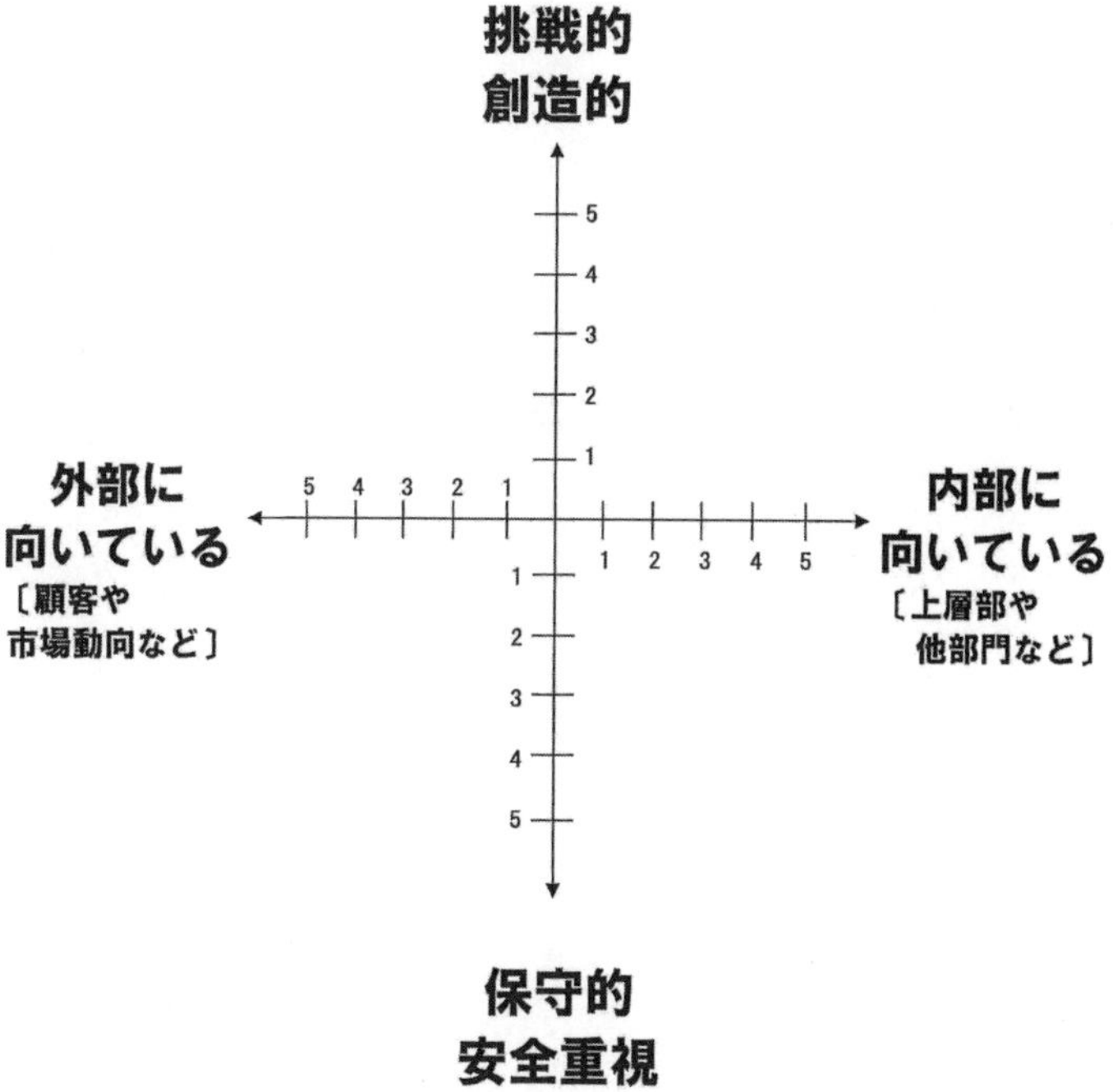

文化診断表

113ページの診断表は、組織文化について右か左か、つまり「行動志向」か「安全志向」か「創造性志向」か「調和志向」かを図るものです。

結論としては、左寄りの職場のほうが活性化し、発展しています。さらに述べると、文化診断表の上位四項目が職場の活力作りにとって、最も大切となります。つまり、「行動志向」で「創造性志向」で「個性志向」で「革新志向」の職場作りをしていくことが望ましいわけです。

この診断も①アンケート方式で全員への記入を促し、②Ⓐ平均点をグラフにして話し合う方式もあります。

また一方で、②Ⓑメンバーで上から順に「私は行動思考は3としました」「私は安全志向は2です」「その理由は例えば○○の時点でうちのメンバーは□□することがなく△△だと思うからです」「前回も○○があり、そのことがお客様のクレームとなっています」というように、話し合いながら進めていく方式もあります。

したがって、ⒶとⒷの二種類のやり方がありますので、どちらかやりやすいほうで進めてみてください。

文化診断表

	5	4	3	2	1	0	1	2	3	4	5	
1.行動志向												**安全志向**

たとえ失敗の可能性が高い状況の中にあっても、まずは行動し、実践してみることを重要視するか、それとも失敗を避ける行動を重視するか

	5	4	3	2	1	0	1	2	3	4	5	
2.創造性志向												**調和志向**

組織の秩序・調和が多少崩れても、個々人の自主性や創造性を重視するか、それとも組織秩序の維持と集団としての調和を重視するか

	5	4	3	2	1	0	1	2	3	4	5	
3.個性志向												**規則志向**

メンバー一人ひとりの個性や人間性を尊重し、能力発揮を重視するか、それとも規則やルールを守ることを大切とするか

	5	4	3	2	1	0	1	2	3	4	5	
4.革新志向												**安定志向**

状況の変化に合わせて、常に活動のあり方を革新していこうという意気込みがあり、どんなリスクでも受け入れ、全ての可能性に果敢に挑戦することで無限の成長を目指しているか、あるいは一定の地位を確保して、安泰に活動することをよしとするか

	5	4	3	2	1	0	1	2	3	4	5	
5.競争志向												**協調志向**

他社と競争し、自らの優位性とリーダーシップの確率を目指すのか、それともそれぞれの技術の特徴や企業の能力を見極め、適所を探り、お互いに協調していこうとするか

	5	4	3	2	1	0	1	2	3	4	5	
6.市場志向												**管理志向**

一人ひとりの顧客や利用者のニーズの充足を重視するか、それとも生産効率や管理効率の維持・強化を重視するか

	5	4	3	2	1	0	1	2	3	4	5	
7.差別化志向												**コスト志向**

施策・戦略を打ち出す場合、考え方の基盤を品質や技術あるいはイメージの差別化におくのか、それともコスト競争において、徹底したコストダウンを図るのか

	5	4	3	2	1	0	1	2	3	4	5	
8.文化志向												**経済志向**

組織活動をしていく基盤を、社会の価値や文化への貢献あるいはその創造におくか、あるいは売上や利潤の追求におくか

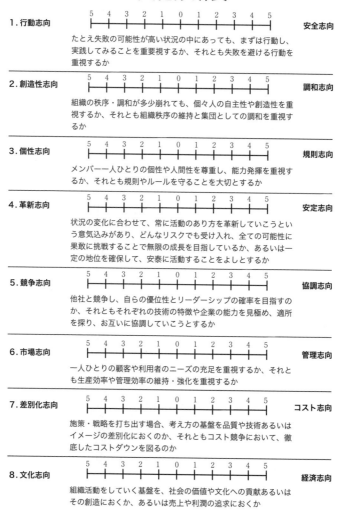

職場開発にとって大切と思われる上位四項目はしっかりと語り合い、左のほうに寄せていくために、③日常からどう行動すべきか、どんなルール作り（集団規範形成）をするのかを考えます。そして④もし必要であれば、具体的な実行項目作りをしていきます。

以上、いくつかの診断表チェックリストを使いながら、話し合う方式を紹介していきました。現在の職場の状況や使用可能な時間等を考えて、どの診断表を使用するか選んで、実施していくことをお勧めします。

職場開発の技法

職場開発を進める上で数多くの開発技法や手法が用いられています。ここでは問題を共有化していくことを第一に、ユニークで盛り上がり効果の高い技法を三つに絞って１１６頁から紹介していきましょう。

①コラージュ
②期待・要求マトリックス
③オーガニゼーションミラー

この三つです。もちろん、三つ全てを活用する必要はありません。自分たちの職場で実行してみて、これは盛り上がりそうだと思えるものを採り入れてみてください。

コラージュ

職場の問題点を絵で表す方式です。メンバーが本音を語らず、職場の問題が表に出にくい時などに使われます。

進め方：

① 四、五人のチームに分かれて、模造紙に八色から十二色のマジック、またはクレヨン等を使って職場の問題点を絵に表します。

② 絵ができあがったら、1チームずつホワイトボードに作品を張り出し、作者以外のチームが絵の解釈をします。

この時、作者以外のチームのメンバーは、提示された絵を見ながら、自分が日ごろから感じている問題をその絵に描かれた状況と関連させながら語ります。

③ 最後に作者のチームが自分達の絵を解説します。

特徴：

口頭では言うことのできない問題などもこの方式を行うことによって表に出されます。絵に描かれることによってインパクトも強くなり、絵をめぐり語り合いを深めることで楽しいムードになっていきます。それとともにこの方式は、何人かの手で描くというプロセスをとっているので、職場の問題点が浮き彫りになります。

当時のイラストを一部改変しました。

コラージュ……「さあ，みなさんはどう解釈しますか？」

期待・要求マトリックス

これは、他のメンバーに対して日ごろから思っている「もっとこうしてほしい」「これはやめてほしい」などの期待や要望を交換し合うものです。

進め方：

①まず、自分以外の職場のメンバーへの要望をピンクのふせんに、期待をブルーのふせんに書き込みます。

この時、自分への要望や期待は他のメンバーからどんなものが記入されてくるのであろうと予想しておくことも面白いでしょう。

②全員が書き終えたら、表のようなマトリックスを描き、一斉に張り出します。

③期待・要請が書かれた一覧表をめぐり、メンバーが順に感想を述べ、それぞれがメンバーの期待に応えて「実施できるものは○○と□□です」「早速着手していきます」と自己改善の約束事と決意を述べ合います。

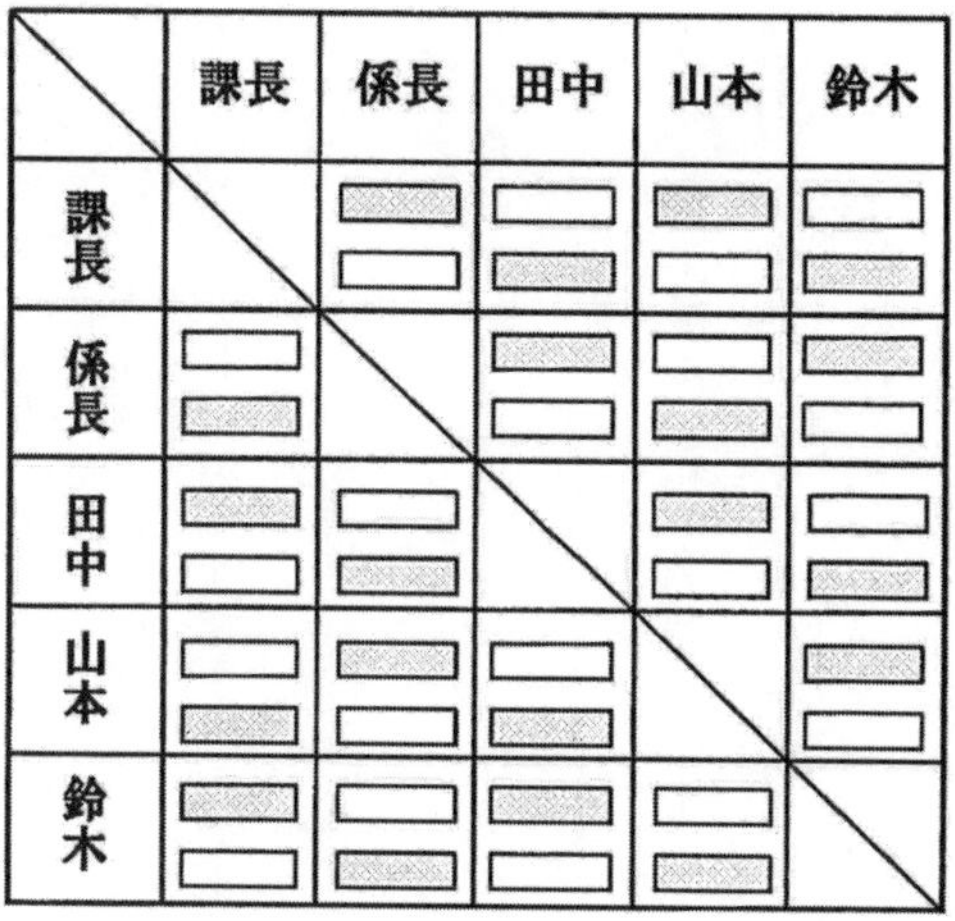

	課長	係長	田中	山本	鈴木
課長		☐☐	☐☐	☐☐	☐☐
係長	☐☐		☐☐	☐☐	☐☐
田中	☐☐	☐☐		☐☐	☐☐
山本	☐☐	☐☐	☐☐		☐☐
鈴木	☐☐	☐☐	☐☐	☐☐	

特徴：

普段から職場の他メンバーにそれぞれが他の人々に「こうあって欲しい」と心の中で思っていてもなかなか言えないことをふせんに書いて伝え合うという行動を通して、関係改善が行われ、絆が一歩深まる手法です。

この手法の応用として「手紙交換法」があります。

これは、各メンバーへの期待・要請事項を手紙に書いてお互いに交換し合い、話し合うものです。手紙は文章で豊かに伝えることができるので、お互いの気づきも深まります。

オーガニゼーションミラー

これは部門間にまたがる問題を明確にし、伝え合う場合などに使われる手法です。例えば、営業と工場の人々の関係とか、事務所（スタッフ）と現場（ライン）とのあいだで、それぞれの職場が相手にどのように映っているのかを確認・認知するというものです。他の職場という「組織の鏡」に映る姿について知る良い機会にもなります。

進め方：

①二つの部署（職場）でのやりとりとして行われます。まず職場ごとのチームに分かれ、模造紙に「相手の職場のイメージ（自分たちの眼に映っている相手の姿）」を自由に書き込みます。例えば「営業はお客様を盾にいつも言いたいことを言ってくる」とか「工場は自分たちの都合を中心に仕事をしている」というようにです。

②同時に、自分たちの職場は他の部署にはどのように映り、どのように思われているのか、相手職場のメンバーに映っているであろう姿を予想し模造紙に書き出します。

③両職場が書き終えたところで同時に交換して、予想と一致していたところと異な

るところを比べてみます。「我々の職場は相手にこんな風に思われていたのか、気づかなかった～」というように確認し話し合い、今後の改善項目を伝え合うというものです。

特徴：
普段は相手の職場に対して、表立って要請はしないけど、不満がくすぶっていたり、インフォーマルに不満を語り合っていたりして、両者が本音で語り合うことが少ないような場合に有効です。他の職場に映っている自職場の姿を見て予想外のインパクトに驚かれるかもしれません。改善へのベクトルが合いやすい方法です。

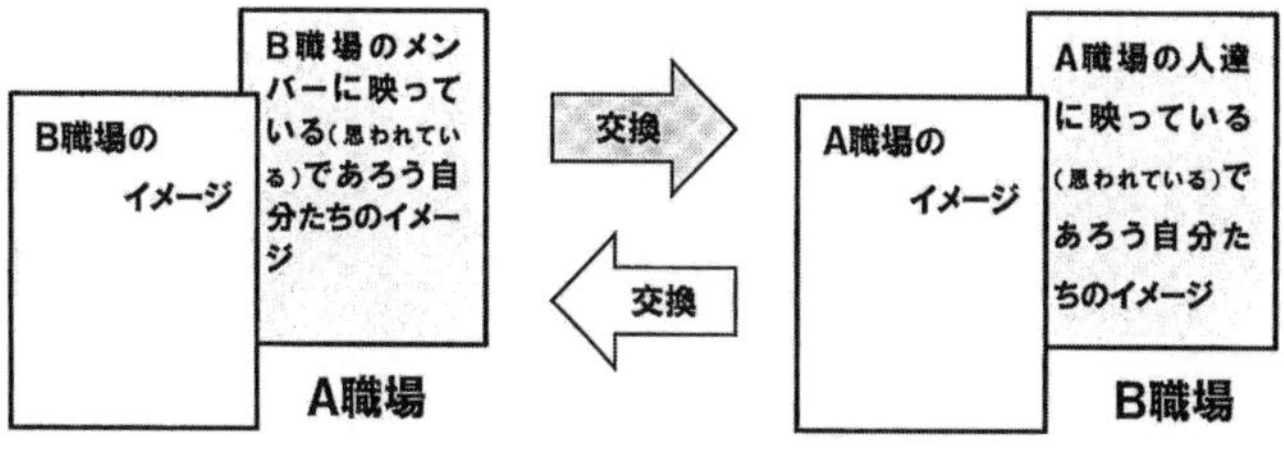

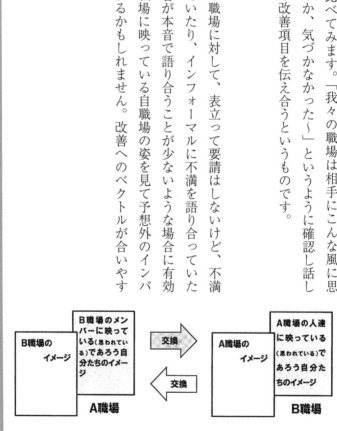

第4章
未来に向けて望ましい職場、作りたい「組織風土」とは

望ましい職場、作りたい組織風土

ここでは職場開発を実施することにより目指したい職場の姿や望ましい組織像などを、さまざまな理論や優良企業の調査の結果などをもとに紹介していきたいと思います。

まずは基本となる集団（チーム）作りの理論に基づく「活力アップ七つの条件」を紹介します。次に職場が目指すべき「七つの視点」をまとめてみました。「優良企業の条件」は195頁にも一覧して紹介しましたが、世界のエクセレントカンパニーの調査結果をもとに、私のコンサルタント経験から日本的な会社に合うように解説しました。

その次に紹介した「自己成長的な職場」については、常に自己成長し続ける職場はどんな職場なのか、五項目の共通点があることを紹介しています。そして最後に「作りたい社風風土」として大切な三本柱をまとめてあります。

読者の皆さんは常にここに紹介されたような職場作りを目指して、日々努力されますことを期待しております。

集団（チーム）の活力アップ七つの条件

まずは強い職場作りの条件として一般化されているものを紹介しておきましょう。

一、目標を明確にし共有化している

話し合いで目標設定し、定量的目標も定性的目標も設定し、全員にわかるよう明示することで、メンバーはそれを自分のものとして受け止めています。

二、一人ひとりの能力を有効に活用している

一人ひとりの特性、個性、そして能力をよく見て、それぞれが持っている強味や特性を引き出し、さまざまな場面に応じて有効に活用しています。

三、当面する目標や課題に合った役割にしている

職場には、次から次へと新しいテーマや問題がやってきますが、その都度、その課題や

状況に合わせて、個人個人の能力を有効に活用して役割を分担します。主役となり、イニシアティブをとる中心人物がいつも特定のメンバーに固定してしまうことなく、場面に応じて役割を分担して対応していきます。

四、職場にはオープンなコミュニケーションが行われている

職場メンバーが押さえつけたり制限されたりすることなく、自由で何も遠慮することのない、ざっくばらんに何でも語り合える状態を作ることが望ましいわけです。

メンバーは、まるで家族のように「言葉を選ぶことなく、言いたいことが言える関係」となっていることが大切です。

五、お互いに関わり合い、援助を求めあう機会を増やしている

相互に話し合い、個性を認め合い、お互いの関わり方や役割を尊重していることが大事です。仕事で援助し合うのは当然ですが、他の仲間の「あり方」や「やり方」のアドバイスなども積極的にかつ深く行われ、またその上でそれぞれ能力や役割を尊重しているということです。

六、メンバーの欲求や動きを充足させている

「社会的欲求（皆と仲良くやりたい、自分のことを認めてもらいたい）」「自我の欲求（自分らしくやってみたい）」「自己実現の欲求（自分の能力を通して皆や社会のために役立ちたい）」など、特にマズローの言うところの高次の欲求に対して充足していくことが大切です。

また、ハーツバークの訴える「動機付け要因」を踏まえて整理すると、

①達成感を味わわせる
②責任を持った仕事をさせる
③仕事そのものの面白さを味わわせる
④大切な人や皆から承認される場を作る
⑤仕事や職場生活を通じて常に自己成長を味わわせる
⑥成功体験を積み重ね達成感を味わわせる

などが大事だと考えられます。

七、体験を積み重ね、達成感を味わっている

職場のメンバーは、たとえ小さな成功であっても、お互いに喜び合って達成感を味わっています。そうしたことにより仕事への自信を持ち、新しい役割や仕事の可能性について希望を持って取り組むようになるというわけです。

目指すべき職場の七つの視点

一、職場を取り巻く状況を的確にキャッチし、迅速に対応する適応力がある

職場を取り巻く外部状況である市場や競合先の動き、お客様の要請、取引先や協力会社の動きなど外部の状況はもちろん、職場内部のメンバーの状況などを敏感にとらえ、それを対処し、対応していくことです。

二、職場に何らかの新しい動きを作り出し、メンバー間の関係を活発にし、相乗効果を生み出す

職場は常に外から内から揺さぶられ続けていることが大切です。安定を感じている職場は安易に流され、ぬるま湯につかってしまう恐れがあります。したがって、職場のメンバーには常に揺さぶりをかけ、新しい動きを作り、メンバーとの関係や相互の関わり方を変えていく必要があります。

三、職場のメンバーが過去の習慣や形式等にとらわれず、柔軟な考え方を取り、個性を生かし、身軽に動いている

「以前こうだった」「過去はこうやったがうまくいかなかった」という言葉が飛び交うような職場では、「挑戦・創造」を拒み、職場の活力を一掃してしまいます。頭を柔らかくし、柔軟に行動し、メンバー一人ひとりの個性を上手に生かしている職場には活力があるものです。

四、一人ひとりが自主的自律的に行動し、常にチャレンジする姿勢を持ち、どんな障害も乗り越えようとする雰囲気がある

何か問題が生ずるたびに上司の意見を聞いたり、対応を伺ったりすることなく、〝自分たちで考え、自分たちで走り出す〟、つまり『自考自走型』の職場作りをしていくことが望ましいです。またそこには、「未踏の地」にも勇気を持って飛び込むような、チャレンジする行動力を受け入れる風土があります。

五、職場の各部門や個人個人が持っている能力をフルに発揮でき、機能全開して総力結集で取り組んでいる

個人の持ち前、取り柄、強味や特性は当然のことながら、各人の潜在能力さえも全開にさせ、組織力全開で走り続けているような職場が、活力を生み出し続けています。

六、時間やチャンスを上手に活用し、効率性を追求できる職場にする

タイムイズマネーという言葉通り、時間やチャンスに対しての感覚を鋭く持ち、タイミングよく時間を使い、あらゆるチャンスを逃すことなく、効率的でスピーディーにこなす職場を目指したいものです。

七、メンバー間の職場運営に対する参画意識を高め、仕事や職場のあり方について積極的に提案し進んで改善していく体制がある

計画に参加する機会をメンバーに多く与えることです。参画の度合を増やし、決定参画度を上げることにより、決定事項に取り組む意欲も責任感も、またそれを成し遂げた時の達成感も高まるという行動科学の実験成果があります。メンバーをあらゆることに参画させることは、職場運営の基本であります。

優良企業の七つの条件

世界の優良企業には、七項目の共通する点があると言われています。これらの項目を中心に優良職場の条件をまとめてみると、以下のようになります。

一、行動重視であること

優れた職場や組織は、「まず行動すること」を大切にしています。「ともかくやってみよう」「だめなら直せばいい」といった行動重視で、失敗も経験として次の機会に上手に生かし、進化しています。

〝アクションリサーチ〟という言葉を私は好んで使っています。まずはアクションを起こし、その結果をリサーチして次に活かしていこうというものです。つまりDoからLookへ、そしてThinkから、Glowという順番です。

まずは行動し振り返りをして、その結果を職場の経験からの学びとしてつかみとって、次に生かそうという流れになります。

二、顧客密着主義であること

昔から日本の職場は「世界一お客様を大切にする」と言われています。お客様満足度を得て、共感・尊敬を得ることこそが商売の道だと思っている職場が発展しています。昭和の時代までは「お客様は神様だ」とまで語られておりました。

優良企業はお客様が何を考え何を思っているか、お客様のニーズウォンツ、つまり必要なことや欲していることは何かを徹底してつかもうとしているのです。そしてお客様の気持ちに添って満足度を少しでも上げていこうとする努力をあらゆる角度から行っているというわけです。

三、自律性を持ち企業家精神で臨むこと

優良企業の社員は何かことあるごとに、上司に「どうしましょう」などと指示を仰いで上司からの指示で動くのではなく、自分で考え自分で行動することを徹底しています。

また、〝克己心〟を持ち、自分で自分を律して自己コントロールしています。彼らはまるで小型社長のような企業家精神を持ち、フロンティアスピリットやパイオニアスピリットを自己の中に高めて、未踏の地ですらも勇気を持って踏み込み、自ら切り開いています。

こんなメンバーが多くいる職場が活力にあふれていないわけがありません。

四、人間重視で効率生産性を上げること

優れた職場はいずれもそこで働く人間を大切にしています。「人間尊重の経営」なのです。人間をまるで生産工場のロボットのように使って、生産性を上げるようなことは決してしません。一人ひとりが気持ちや感情を持った人間であるとして、個性を尊重し創造的にやりがい・働きがい幸福度の持てる職場作りを目指しています。

五、理念・価値観を実践すること

やり方も大切にはしますが、「あり方や考え方」「価値観また企業理念」を大切にするのが優れた職場です。彼らにとってどうやるべきかより、「どうあるべきか」を大切にして仕事をしているわけです。

また職場メンバーの価値観形成やそこに向けてのベクトル合わせも大切にしています。

六、基軸に執着し、強みで勝負していること

優れた職場のメンバーは、自分たちが得意とする分野や職場の強みについてよくわかっており、自己の職場が勝ち続けるための核となっているコアコンピタンスをはっきりと打ち出して、そこで勝負をしています。自分たちの基軸になっている領域からは、他からどんな金儲け話があっても、軽々しく飛びつかず、片足は基軸から外すようなことは決してないというわけです。

七、緩急自在に柔軟性に対処せよ

彼らはすべてに対して柔軟に対応しています。こだわりなく、まるで柳の枝が風に流れるように自在流の仕事の仕方をしていると言っても、良いでしょう。職場の中にわだかまりもイライラした焦りもありません。やすらぎの境地で淡々と仕事を進めています。

以上の七項目が優良企業の条件であり、これらの七項目を中心に自分の会社の卓越性のチェックをすることが望ましいと思われます。

コラム

この表は先に述べたような優良企業の職場の行動パターンを参考にして、某会社が目指すべき職場のゴールについて話し合ってまとめたものです。世界の優良企業のあり方を参考にして描いているわけですので、なかなかのユニークなものであり、皆さんの職場の体質風土作りの参考になると思いますので、紹介しておきましょう。

風土改革が目指すべきゴール

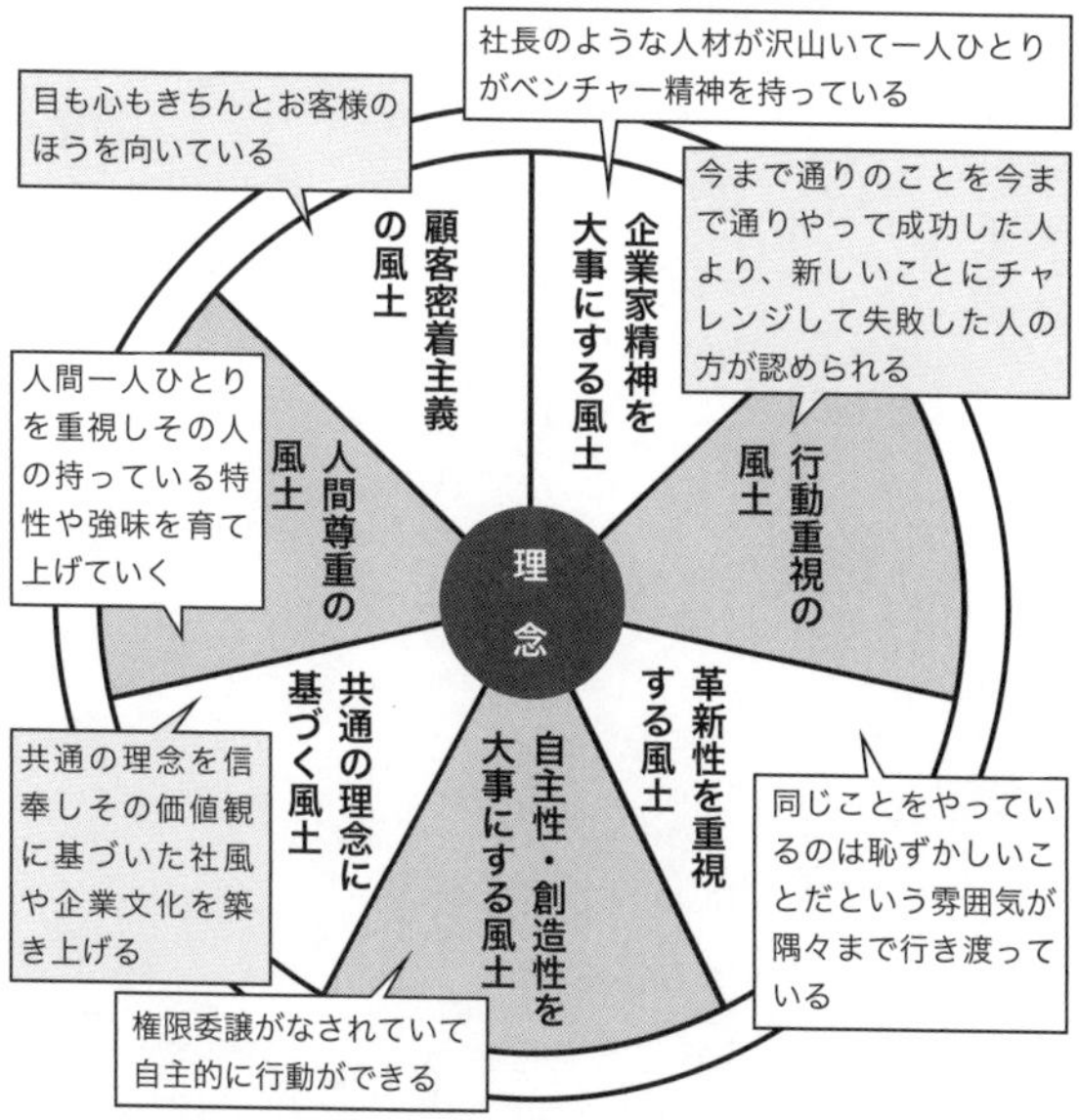

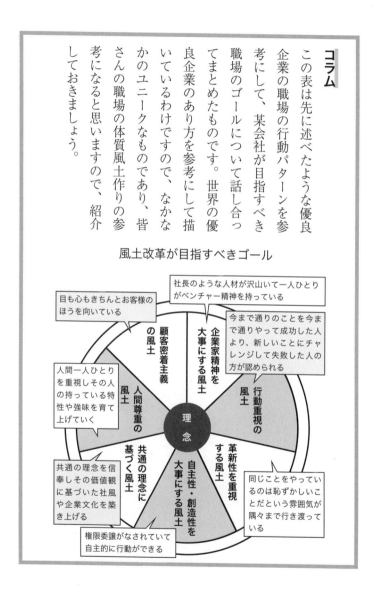

理念
企業家精神を大事にする風土
社長のような人材が沢山いて一人ひとりがベンチャー精神を持っている
行動重視の風土
今まで通りのことを今まで通りやって成功した人より、新しいことにチャレンジして失敗した人の方が認められる
革新性を重視する風土
同じことをやっているのは恥ずかしいことだという雰囲気が隅々まで行き渡っている
自主性・創造性を大事にする風土
権限委譲がなされていて自主的に行動ができる
共通の理念に基づく風土
共通の理念を信奉しその価値観に基づいた社風や企業文化を築き上げる
人間尊重の風土
人間一人ひとりを重視しその人の持っている特性や強味を育て上げていく
顧客密着主義の風土
目も心もきちんとお客様のほうを向いている

自己成長的な動きのある職場にする

望ましい職場は「自己成長的な動き」を常にしていなくてはなりません。そして常に成長を続けている職場でありたいものです。自己成長を促す動きとして、組織論の中からユニークなものを紹介しておきましょう。

一、不均衡創造の動きを作る

「安定の不安定、不安定の安定」（ＮＥＣの元社長関本忠弘氏の言葉）という言葉があります。職場は安定し均衡がとれてしまうと、メンバーは安易な動きをとるようになり、ついつい堕落してしまうようなことがあるわけです。

乱気流の中を飛んでいるパイロットのほうが飛行の腕が良いと言われるように、職場内にも常に乱気流を起こす必要があります。つまり問題をあえて創り出す動きをするということです。例えば、生々しい競合の動きに目を向け、競争の激しい新商品をあえて少しだけ扱うことにしてみる等です。またリスクの多いチャレンジングな活動にあえて飛び込むことで、危機状況や問題を作り出していくことができたりします。

二、自律性の動きを作り出す

これは自律的な動きを職場集団の中に作るということです。〝自立〟〝自律〟については何度も繰り返し、この本の中で述べて来ました。端的に言うと、サブユニットであるところの個別職場や個人個人の自立的な動きを促し、のびのびと泳がせることが大切です。決して彼らの首に細かいルールや規範といった短い鎖をつけて、動きを鈍らせてしまわないようにすることです。

三、自己超越を促す

日本の格言の中に「蟹は自分の甲羅に合わせて穴を掘る」というものがありますが、「蟹は自分の甲羅より大きめの穴を掘る」と職場の価値観を書き換えることです。常に自己の能力を超えたチャレンジングな課題を与え、〝オーバーエクステンション戦略〟をとることが大切です。

もともと、この言葉は経営学用語で「企業が自社の持つ資源や能力を超えた事業に挑む戦略」（伊丹敬之）とされています。つまり、職場の個々人が自分の能力より少し大きめな目標や課題に次々と取り組んで、少し背伸びをして飛び上がらなければ達成できないようなことをやり続けることを指しています。

四、蓄積保持をする

職場活動のプロセスでメンバーたちは、さまざまな体験が積み重ねております。またいろいろなことにチャレンジして厳しい経験を通じて得た情報やノウハウは、みんなで共有化し誰しもが使えるようにし、職場内に蓄積していくことが大切です。組織論の中で好んで語られるラーニングオーガゼーションと言われる、「学習蓄積型の職場づくり」が大事となっていきます。

五、オープンなコミュニケーションを行う

上下間やメンバー間のコミュニケーションはオープン（ざっくばらん）で言いたい時に言いたいことが言えるようにしておきたいです。まるで仲の良かった中学・高校時代の「竹馬の友」や、または家族のような〝信頼を基盤とした自由な発言の働き〟を作り込んでいくことです。前にも述べたように、職場として「言葉を選ばずに言いたいことが言える関係作り」をしていくことが大切になってくるというものです。

作りたい社風・風土

一、お客様や市場に目を向け創造挑戦し続ける風土

職場開発で、どんな社風や風土を作ったら良いかというと、主に三つあります。その第一は、「お客様や市場に目を向け、常に創造・挑戦する風土」です。

組織が「外に目を向いているか」「内に目を向いているか」ということは、とても大切な問題です。外に目が向くとは職場のメンバーが絶えず競合相手や市場、経済状況、社会状況などの外部の変化に眼を向け、お客さまを中心とした外部からの期待や要請に応えようとしたりするということです。

それとは反対に、他職場の様子や上司の顔色をうかがって、絶えず上司の指示や上役の思いに従おうとして動いている内部志向の職場も多く見受けます。

何か新しいことをやろうとする時、そのことが「お客様にとってどうか」ということに注意を払うよりも、「他部門や他の職場はどうしている？」「上司は何と言うだろうか？」と、絶えず職場のメンバーの眼が内部に向かっている組織は問題です。

こういった組織は、どうしても保守的で安全重視の体質になっていってしまいます。

それればかりか、中には〝前例重視、事なかれ主義〟の官僚体質になってしまうことすら

あります。

もし、現在の外部の状況やお客様の期待に目を向けられたら、メンバーは自ら挑戦的で創造的に動かざるを得ません。近年のように、社会経済が変化し、お客様や取引先の企業が、自職場に対して要請している内容が今までと大きく異なっている状況下においては、あらゆることに創造的に挑戦していかねばならないというわけです。

したがって、社風改革の第一は、「お客様や市場に目を向け、創造挑戦する風土作りが大切」というわけです。

二、変革を好み、道を切り拓く風土を作る

世の中の変化の激しい時代と言われています。世の中がこれほど変わっているのに、社内が変革・革新しないで、今までの状況を維持しているとなると、徐々に衰退していくことになるでしょう。当然のことながら、倒産の危機さえも免れません。

職場や組織に変革することを期待しても、変革を好まない風土・文化を持った組織ももちろん存在します。

いくら仕組みを変えても、実施段階でさまざまな「できない背景、やれない理由」をた

くさん並べたて、実行を拒んでしまうような職場です。

そもそも、人間は保守的な面を本質的に持っています。誰しも今までのことを今まで通りやっていったほうが安易であるし、リスクが少なければ、動こうとは思わないでしょう。

しかしよく考えてみると、世の中が大きく変化している中で、今まで通りの仕組みや活動をしていては、やがて大きなリスクがやってくることも十分に考えられるわけです。

したがって、「変化していくことを好み、自分たちの手で新しい道を模索し、切り拓いていく風土」を作っていかねばなりません。そうして変革体験を繰り返し、成功経験を味わい、達成感を繰り返し味わっていくと、組織の中に変革を好み、道を切り拓くことを喜びとする風土が出来上がっていきます。

三、幸せを創造する社風

人は誰しもが幸せになりたいと思っています。職場のメンバーの全員が幸せでありたいと思っているわけです。当然のことながら、その職場と関わるお客様も幸福でありたいと思っているはずです。

また、組織内においては、上工程のメンバーであったり、下工程の職場であったり、本社の各部門メンバーたちもあなたの職場と関わることにより、幸せになりたいと思っています。

職場は「幸せを創造する組織」でありたいものです。

そのためには、まずは自職場メンバーが幸せでなければなりません。幸せ感を味わっている職場メンバーによって、お客様に幸せを配り廻らすことができ、また他の部門のメンバーにも幸せを発信できるというものです。

幸せ感を味わうということは、認められたり、褒められるといった社会的欲求や承認の欲求が満たされることであったり、人々の役に立っているという充実感や達成感を味わうことであったりします。

職場活動の在り方、組織としての人々との関わり方、そしてコミュニケーションの在り方等々を変えることにより、周辺の人々への、言わば欲求充足がなされ、幸せの輪が広がっていくというものです。

職場開発を行うにあたっては、幸せ創造の社風を作りこんでいく、ということがもう一つの狙いとなっていきます。

四、カンパニースピリットを確立する

「組織にも魂がある」と私は考えています。

昔からパナソニックには、創業者松下幸之助が徹底して社員に叩き込んだ、「商人道の精神」があります。社員は誰しもが商人魂を持っていました。松下幸之助は、徹底したお客さま志向を貫き、「利益はお客さまにご奉仕した証である」と語っていました。

彼の有名な言葉の中に、「商品を我が子のように思え」「商品を販売した時は、大切に育てた我が子を送り出すような気持ちで見送れ」というのがあります。「お客様はみんな親戚や兄弟だと思え」また時には「商売人はお客様より常に頭が下がっていなければならない」とも教育していました。

このようにして、パナソニックマン（当時の松下マン）の商人魂は形成され、そうした社風が形成されていきました。

ホンダには、本田宗一郎が創り上げた「技術屋魂」というものがあります。

ある技術者が外車のオートバイのエンジンを分析して研究していると、後ろからハンマーが飛んできたのです。ハンマーを投げたのは、他ならぬ本田宗一郎でした。彼は常に「人まねするな、物まねするな、うちはウチ独特の技術をもって世の中にない新しい製品を創

り出していくのがホンダの役目だ」と言って、ホンダマンの「開発魂」「技術屋魂」を繰り返し叩き込みました。

その一方、ソニーやコカ・コーラは、魂とは言わず、スピリットと言います。ソニーマンスピリット、コカ・コーラマンスピリットというように言われるものです。

組織の中には、こうしたコアになる「精神や在り方」が浸透し、すべての社員やすべての職場が一丸となって行動している組織が存在しています。コアであるものを創り出し、揺るがぬ社風を創り込んでいきたいものです。

現在では、どの企業においても〇〇マン魂とか、〇〇スピリットが希薄化してきていると言われています。

企業理念が壁に掲げてあったり、ホームページの会社概要の中には明確に打ち出してあるものの、それが全く社内に浸透していないというのが、多くの職場の実態です。

企業理念や行動指針、また創業者の想いや魂を〝組織の魂〟とするならば、それをいかに各人の魂の中に宿していくのかを考えなければなりません。職場や組織の魂として揺るがぬ社風を作っていくことが大切になるのです。

例えば、行動指針の中に、「お客さまの立場に立って、自ら考え素早く行動します」とあれば、職場メンバーは常にお客さまの方に心を向けて、自分の責任で判断決断し、スピーディーに行動することです。

このように、あるべき行動の姿が「行動指針」として文章になっているほうが、社風形成はなされやすいものです。企業理念や創業者の思想、創業時の魂が社員一人ひとりの体に身につき、全社員が一丸となっている職場こそが、カンパニースピリットが確立している優良職場と言えましょう。

革新型の職場を維持するための七項目

一、〈関心喚起〉志ビジョンを共有化しメンバーの関心を常に喚起し続けていく

志や想いがメンバーに伝わり、メンバー自らベクトルを合わせ、企業が向かう方向に関心を持ち続けたのなら、メンバーは自ら革新を生み出し続けようとするものです。

二、〈共有化〉今職場に起きている状況の意味を把握させ問題の共有化を図る

「現在の職場を取り巻く状況はどのようになっているのか」「その意味や背景は何であるのか」「この問題をこのまま放っておくとどんな危険がはらんでおり、未来にむけてどん

な危険な道をたどることになるのか」といった内容を常に共有化して、メンバーの問題意識に対しての温度差をなくしておくことです。

三、〈価値中心〉何が大切か、それはなぜ大切なのか、大義を打ち出し、価値中心にメンバーを動かしていく

「我々の職場は、誰のために、何のために存在し、そのためになすべきことは何か」「職場のミッションや存在意義からして、自分たちは価値ある仕事をしている」と、仕事の意義をはっきりさせる必要があります。企業理念に盛り込まれている価値を軸にして大義を掲げて、職場メンバーを活動させることです。つまり価値中心の活動をとっていくことが大切です。

四、〈信頼関係〉コミュニケーションを大切にし、信頼関係の形成と維持に注意を払う

優良職場をのぞいてみると、昼の会議の席であっても夜の酒の席でも常にコミュニケーションを大切にし、人間関係重視で、相互信頼を大事にしていることがわかります。

日常対話の量を多くし、お酒を飲みながらの語らいの時を持つなどで普段から職場メン

バー間の信頼関係を深めておくことが大切です。「信頼なくして変革なし」です。

五、〈学習〉あらゆる場面であらゆる人々から学び経験から学習し続ける

日本人は学ぶことが好きな人種であると言われております。歴史を振り返っても、諸外国から学び、そしてお客様や取引先から学び、また部下や同僚からさえも学んできました。その特性を活かして、積極的にさまざまな経験をして、経験から学ぶ学習型職場作りを日頃からしておくようにしましょう。それによりメンバー一人ひとりが「このままではいけない、なんとか改善改革を行って新しい方向を目指そう」という心になっていくものです。

六、〈勇気〉不確実性の高い中でも常に勇気を持ってチャレンジする

今の時代は先行きが不透明なので、経営者の頭の中には不安定要素が多くよぎります。こうした状況下であっても常に勇気を持って、チャレンジし続けるメンバーが多い職場が変革をしていけるわけです。つまり、変革に挑む勇気ある職場作りを目指すことが大切となるのです。

七、〈自己管理〉克己心が高く自己管理ができ自己規律が守れること

自律的という言葉を本書では多く使ってきましたが、このことは「自分で自分を管理する」つまり、自己コントロールが効いているという意味です。メンバーが「己との戦いに克つ」という精神を鍛え続けている職場を作っておくことが、いざ変革活動に入った時、それぞれが自律的に克己心を持って変革活動を重ねていけるのです。

第5章

社員の心を一つにする「企業理念の考え方・作り方」

世界の優良企業は理念を重視している

世界の優良企業の理念

企業理念の重要性については、さまざまな学者や指導団体がいろんな面から強調しています。過去に大ヒットした『ビジョナリーカンパニー』（日経BP社）の中で取り上げられている理念については、私の長いコンサルタント経験を通じても「全くその通り」と思われる箇所が多くあります。それについてはまず、記述を紹介しておきましょう。

「世界の中で優秀な企業は理念をきちんとマネジメントしている」ということがこの本では強調されています。

優良な会社は「理念をしっかりと打ち出した上で社員の自主性を認めて、個々の創意工夫を奨励している」ということです。

世界の優良企業の特徴としては「まるでカルト（思想集団）のような文化を持ちながら

も権限分散が進んでおり、業務上の自主性を幅広く認めている」というのです。「理念をきちっとマネジメントして基本を維持すると同時に業務上の自主性によって進歩を促している」と紹介されています。

また私の大好きな一行を紹介しましょう。

「ビジョナリーカンパニーにとって利益を得ることは目標の中の一つに過ぎない、利益を求めてはいるが単に金儲けを超えた基本的価値観や目的といった基本理念も同じように大切にされている」

つまり、「会社の目的は金儲けだけではありませんよ」というわけです。

「ビジョナリーカンパニーの基本的な価値観については洗練されたものとか人道的なものが多いけれども決定的な点は理念の内容でなく、理念をいかに深く社員全員が信じてそれを会社の一挙一動に一貫して実践されて息づいているか」であるという記述もあります。つまり、理念がしっかり浸透し、一人ひとりの社員の身についているというわけです。

ビジョナリーカンパニーは「基本理念をまるで信仰に近いほど情熱を持って維持しており、基本理念は変えることとあってもそれは稀である」とされています。「基本的価値観である理念は揺るぎなく時代の流れが流行に左右されることはない」「基本的な目的、つまり存在理由は何世紀経っても道標にすることができる」ということを述べています。

要するに、企業の理念はコロコロ変えてはならないということです。

ビジョナリーカンパニーは「存在意義、達成すべきことをはっきりさせているので厳しい基準に合わせようとしなかったり、合わせることのできない者にとっては居場所がない」とさえ表現しています。たしかに理念に合わない人間はその会社に居づらくなってしまうものです。

また、ビジョナリーカンパニーは「経営者がビジョン、価値観、目的、使命、理念を明確化し、はっきりとした自己の言動をも打ち出している。またはこの基本理念を生かすために何千もの手段を考えてその実現の努力をしている」と紹介をされています。

基本理念は組織の土台になっている基本的な方針であって「我々が何者であって何のために存在し何をやってるのか」を示すものです。全てのビジョナリーカンパニーは基本理念が「文章になっている上、企業の動きを決めるものとして大きい力を持っている」と紹介されています。

これらの企業は「一貫して経済上の目的を超えた基本理念を持っていてその力が非常に強い」と表現されています。

つまり、売上や利益も大切だが、「何のために」「何を実現する会社なのか」はっきりさせて活動せよということです。利益はその結果であると言えましょう。

理念に共通項はないが組織への浸透に何百もの方法を使っている

ビジョナリーカンパニーにとって利益とは何かを改めて確認しておきましょう。

「収益力は会社が存続するために必要な条件であり最も重要な目的を達成するための手段であるけれども、それ自体が目的ではない」と言い、「利益とは人間の体にとって酸素や食物や血液のようなものだ。人生の目的ではないがそれがなければ生きていけない」。

要するに、「金儲けはあくまで企業の手段であり、企業の目的ではありませんよ」というわけです。

ビジョナリーカンパニーの多くは「社会貢献」とか「従業員の尊重」とか「顧客サービス」「卓越とした想像力」「地域社会の責任」など理念として掲げてはいますが、共通するようなものはないとされています。一つひとつ事例を見ていきましょう。

ジョンソンアンドジョンソンやウォルマートは「顧客」を、ヒューレットパッカードやマリオットは「従業員の配慮」を、フォードやディズニーは「商品やサービス」を基本理念の柱にしています。ソニーやボーイングは「大胆な冒険」を理念の柱にして、モトローラや3Mは「革新」を理念の柱にしていると紹介しています。つまり、「理念で大切にしているものは会社によって違いますよ」というわけです。

「ビジョナリーカンパニーにとって理念が本物であり企業がどこまで理念を貫き通しているかが理念の内容よりも重要である」と紹介されています。最も大切なことは、理念がしっかり社内に浸透し、経営者も社員もそれに基づいて、一貫した行動をとっているのかどうかということです。

また「ソニーの理念を好ましいと感じたり同感するかどうかはソニーの社員でない限りはそれほど重要ではない」としています。逆に言うなら、㈱丸和運輸機関の社員が「私はクロネコヤマトの理念が好きです」と言ったら、「どうぞクロネコヤマトさんに転職してください」というわけです。

ビジョナリーカンパニーは、理念を組織全体に浸透させて、理念をまるで指導者のようにして活動しています。基本理念を徹底して強化して「理念をカルトに近いほどの強力な文化を生み出していく」。またビジョナリーカンパニーは目標や戦略戦術また組織設計などにおいても、基本理念と一貫性を持たせていきます。

そう言えば、ＩＢＭも創業の時はＩＢＭカルトと言われていましたし、パナソニック（旧・松下電器）は松下教と言われ、京セラも稲盛（和夫）教と言われていました。

要するに、優れた会社は理念をもとに全社員が一丸となり、まるで教団のような行動をしていたというわけです。

活性創造のマネジメントのすすめ

１５６頁の図にあるように、経営管理のあり方は「コントロール型」と「活性と創造」のマネジメントに分かれます。

一般的に経営を行っていく場合はコントロール型のスタイルが多いものです。組織の目的を達成するために、組織のそれぞれのサブシステム、つまり個々人や各職場の考え方、行動を制御するというものです。

そのため、まず組織の目標を明確にして、実行計画を立てます。つまり「何を」「いつまでに」「どれだけ」「どのように」してやるかという計画を立てるわけです。

そしてそれに従って組織編成をし仕事の標準化を行いマニュアル化し問題処理方式を手続化したり規則規定などを作り、権力と法を持って運営していくというものです。

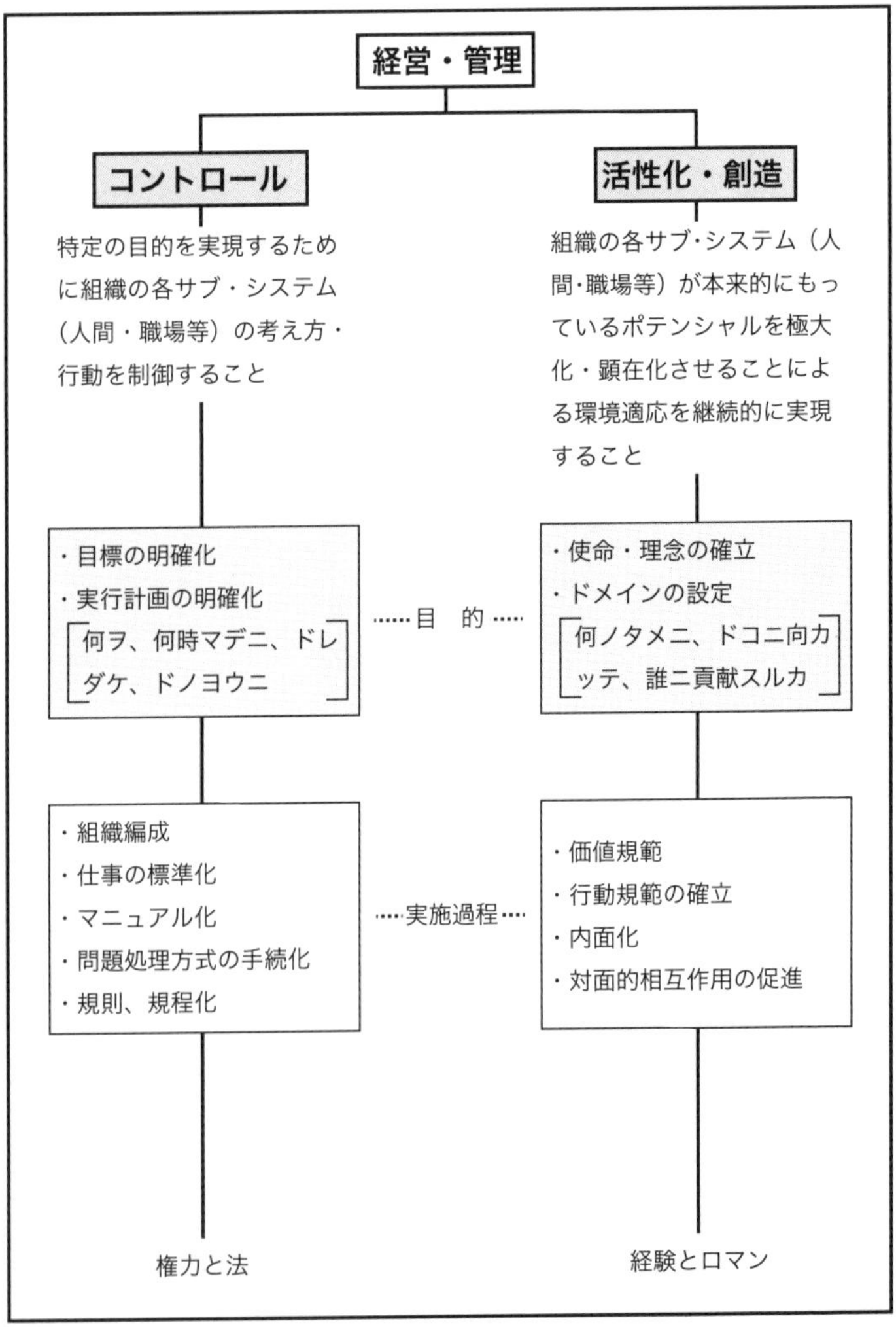

経営・管理
コントロール
活性化・創造
特定の目的を実現するために組織の各サブ・システム（人間・職場等）の考え方・行動を制御すること
組織の各サブ・システム（人間・職場等）が本来的にもっているポテンシャルを極大化・顕在化させることによる環境適応を継続的に実現すること
・目標の明確化
・実行計画の明確化
［何ヲ、何時マデニ、ドレダケ、ドノヨウニ］
……目　的……
・使命・理念の確立
・ドメインの設定
［何ノタメニ、ドコニ向カッテ、誰ニ貢献スルカ］
・組織編成
・仕事の標準化
・マニュアル化
・問題処理方式の手続化
・規則、規程化
……実施過程……
・価値規範
・行動規範の確立
・内面化
・対面的相互作用の促進
権力と法
経験とロマン

次に図の右側の「活性化・創造」のマネジメントというのは組織の各サブシステムである、人間や職場が本来的に持っているポテンシャルを極大化し、顕在化して環境適応を継続的に実現していこうとするものです。

そのためには、まず使命や理念を確立し、そしてドメインを設定します。また「何のために」「どこに向かって」「誰に貢献するか」ということを明確にしていくわけです。そして価値規範を確立し、行動規範を確立し、それらを社員一人ひとり内面化、つまり胸に落とし、肚に落としてその行動をとらしめていきます。また対面したその相互作用を持って行動を促していくというものです。

要するにコントロール型の経営管理だけでなく、活性創造のマネジメントを強めていく必要があるということです。

会社はなりたいと思っている方向になるものである

158頁の表は事業戦略策定のタイプです。縦軸に上側に「戦略を作る力」、「戦略創造力」、「実行力」、「行動力」を表し、その下の方には「戦略の内容」を「戦略の中身、内容」を表しています。

事業戦略（策定）プログラムのタイプ

戦略[力]を重視する
（戦略、創出力、実行力、行動力）
―プロセス指向（重視）―
＜実践的、アクションリサーチアプローチ＞

経営の[経済的]側面重視
（市場動向・競合動向・自社技術・財務）
経営活動に影響を及ぼす環境要因を重視する
―経営にとって最もよい道は決まっているものだ―

経営の[心理的]側面重視
（経営理念・経営者の信念哲学・価値・文化風土）
―企業は「なりたい」と想っている方向になるものである―

第２タイプ 経営の経済的側面をふまえ、更にそれを革新し続ける力を開発する。	**第４タイプ** 経営の心理的側面をふまえ、更にそれを革新し続ける力を開発する。
第１タイプ 経営の経済的側面、その現状に適応した合理的、論理的戦略を策定する。	**第３タイプ** 経営の心理的側面に適合した価値観、一貫性のある戦略を策定する。

戦略[内容]を重視する
（戦略の中身、内容）
コンテント指向、アウトプット指向
＜分析的アプローチ＞

左右の軸は左側の「経営の経済的側面」と右側の「経営の心理的側面」で表しています。経済的側面重視とは、市場の動向がどうなっているのか、自社の技術はどうなのか、というように経営活動に影響を及ぼしている環境要因を重視することです。「経営者にとって最も良い道は決まってるものである」という考え方であります。

それに対して、経営の心理的側面は経営者の経営理念、信念、哲学、価値観、文化、風土等を重視することです。

「企業はなりたいと思っている方向になるものである」という考えであります。我々はタイプ4の枠にある経営の心理的側面を踏まえてさらにそれを革新し続ける組織を開発する第4のタイプを大切にします。

理念の果たす役割

ここで理念の持つ役割について、整理しておきましょう。

①戦略が目標を達成していく上での活動指針となる
②新しい企業文化を形成する上での核となるもの
③現状の体質から望ましい体質づくりをしていく上で人々の意識や行動を導く役割を

果たす

④迷った時や意見が分かれた時、意思決定の基準になる人々の心を引きつけて凝集性とか一体感を生む、また心の絆を作っているもの。

また、理念を掲げることで、社員一人ひとりの心のレベルを向上させるという狙いもあります。

理念の果たす役割

理念は、下記のような役割を果たしています。

◎戦略や目標達成していく上での活動指針となる。
◎新しい企業文化を形成する上での核となるものである。
◎現状の体質から望ましい体質づくりをしていく上で人々の意識や行動を導く役割をはたす。（指導理念といわれている）
◎迷った時、意見が分かれた時などの意思決定の基準になる。
◎人々の心を結びつけ、凝集性・一体感を醸成し、心の絆を作る。
◎経営や社員一人ひとりの心のレベルを向上させると共に、会社としての格式を向上させるのにも大きな役割を果たす。

理念作りの条件

1）我が社らしい特徴を持つ
2）分かりやすい
3）覚えやすい
4）心に響き、行動を律する
5）話題をさそうインパクトがある

理念作りの基本枠組みとそのモデル

企業理念の構図と各社のパターン

企業理念の作成にあたり、理念の構造について述べておきましょう。理念の中にドメイン、つまり事業領域が入っていることが大切です。そして基本的な価値観や姿勢等、その企業の存在理由が入っていなければなりません。

理念のパターンについては172頁から紹介した「創業精神継承型」とか「事業領域打ち出し方」等を参考にし、我が社はどのようなパターンが望ましいか考えています。最も基本的な「企業理念」「行動指針」のモデルとしては、163から165頁に紹介されている三パターンです。

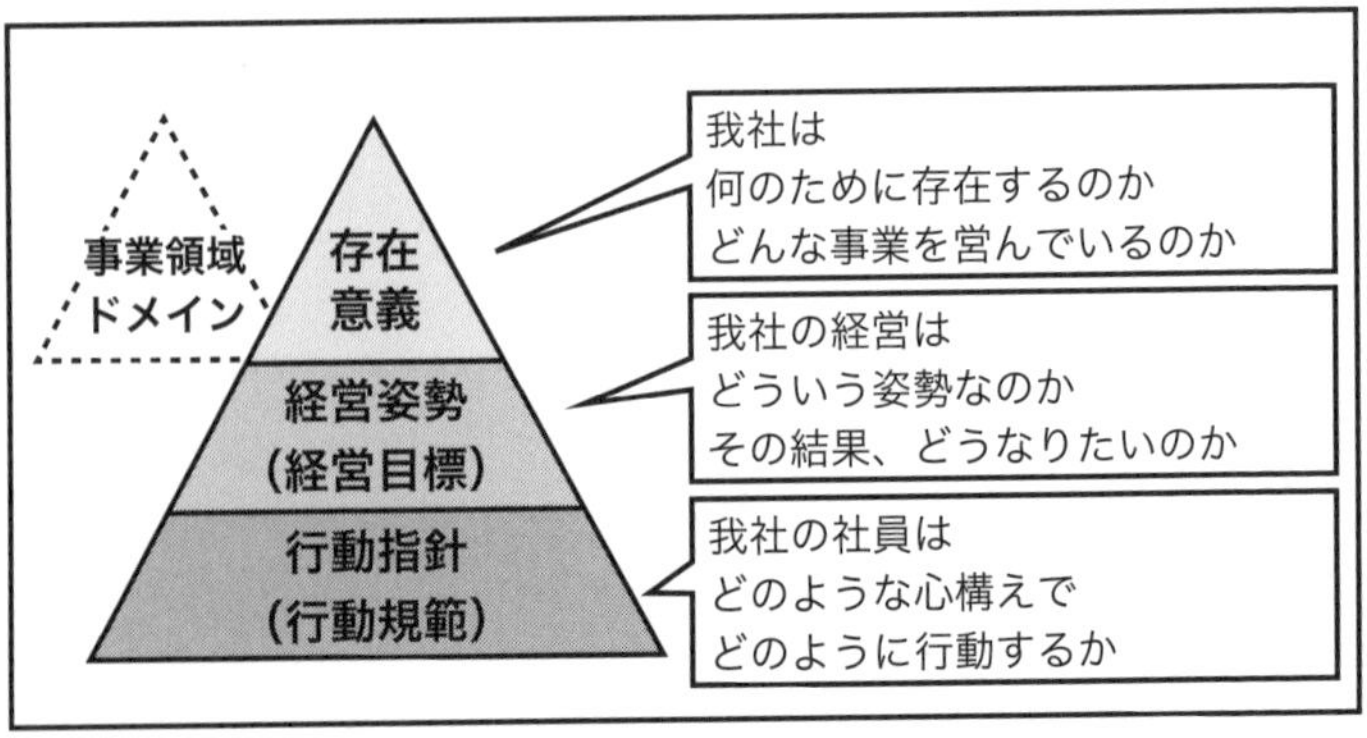

事業領域
ドメイン
存在
意義
経営姿勢
(経営目標)
行動指針
(行動規範)
我社は
何のために存在するのか
どんな事業を営んでいるのか
我社の経営は
どういう姿勢なのか
その結果、どうなりたいのか
我社の社員は
どのような心構えで
どのように行動するか

「東京コカ・コーラ」

<創業の想い>

ひとによろこびをあたえ、
一緒に幸福（しあわせ）になろう

<経営理念>

私たち東京コカ・コーラグループは、
人と人との絆を大切に、
あらゆるシーンでさわやかさを演出し、
うるおいのあるくらしづくりに貢献します

<行動指針>

＜お客様の視点＞　一 私たちは、お客様の立場になって、自ら工夫し素早く行動します

＜個人の視点＞　一 私たちは、持てる力をフルに燃やし、粘り強く可能性に挑戦します

＜組織の視点＞　一 私たちは、互いを尊重し熱き心で語り合い、活力ある職場をつくります

＜社会・企業市民の視点＞一 私たちは、地域社会と環境に気を配り、感謝の心で尽くします

「明治飼糧」

<経営理念>

私たちは、酪農・畜産のベストパートナーとして、
牛への想いを大切に、
未来につながるアイディアと技術で、
お客様の笑顔と豊かな牧場づくりに貢献します。

<行動指針>

一　私たちは、牛とお客様に寄り添い、
熱意を持ってスピーディーに行動します。

一　私たちは、高い向上心を持って、自ら考え行動し、
新しい価値の創造にチャレンジします。

一　私たちは、あらゆるシーンで語り合い、
一体感のある活き活きとした職場を作ります。

一　私たちは、地域社会と自然環境に気を配り、
思いやりの心で尽くします。

「リヴィティエ」

<企業理念>

私たちは、未来創造企業として
情報テクノロジーを通じ
かかわる人々の幸せと
心豊かな社会づくりに貢献します

<行動指針>

一　私たちは、思いやりと気配りを持って
　　感謝の心で行動します

一　私たちは、向上心と情熱を持ち
　　お客様の想いに向き合って素早く行動します

一　私たちは、自ら考え、自ら工夫し
　　わくわくと新しい価値づくりに挑戦します

一　私たちは、一人ひとりの徳性を活かし
　　連帯感のある職場をつくります

これら三つの企業理念の図は、私が代表をする㈱日本経営理念研究所のスタッフのコンサルテーションに基づき、各社のプロジェクトチームが作成し、まとめたものです。

三行七十文字以内でまとめられています。一番最後が「何々に貢献します」といった内容になっているのが、日本の企業理念の多くのスタイルとなっています。「○○を通じて」とか「○○の活動によって」というような〝事業領域が入る場合〟と〝大切にしている価値や考え方を入れるパターン〟と二つに分かれているのが特徴的です。

モデル③の㈱リヴィティエのケースを見てみると、「未来創造企業として情報テクノロジーを通じ」とありますが、この「情報テクノロジーを通じ」というところに、事業領域を明確に持ち出しています。

また、明治飼糧㈱は明治のグループ会社で、明治乳業へ牛乳を供給する牛の餌を作ってそれを酪農家に販売している会社です。この会社では牛乳がたくさん出るような牛の食べ物を作っているわけですから、理念にありますようにパートナーは「牛を飼っている牧場」です。〝牛に寄り添う〟などの表現もありますが「牛」とか「牧場」というキーワードを入れ込み、事業領域をはっきりと絞り込んでいることがわかります。

酪農家とは牛を飼っている農家のことです。豚を飼っている養豚場でもなければ、鳥に卵を産ませているブロイラー農家でもありません。明治乳業に牛乳を毎日供給してくれている「酪農家の方々」に飼料を販売することを自社の活動領域と絞り込んでいるというところに、特徴があります。

このように、自分たちが活動する領域を絞り込めば絞り込むほど、活動の質が深まっていくというものです。

事業領域をしっかり定めて「そのグランドの範囲で活動して行こう」ということになります。リヴィティエの例では「情報テクノロジー」という領域に絞っています。決して旅館業やレストランの業界で商売はしません。「関わる人々の幸せと心豊かな社会作り」の「関わる人」とは、情報テクノロジーという領域において関わる人々となるわけです。このように事業領域を絞り込み確定することが、理念作りでは重要なことなのです。

企業理念のモデル

以下に、企業理念のモデルについて、いくつか読者の皆様のお馴染みの企業を紹介しておきましょう。事業の内容を知っている企業なので、納得できる表現を織り込んだ企業理念になっていることが理解できると思います。

カルビーは「私たちは、自然の恵みを大切に活かし、おいしさと楽しさを創造して、人々の健やかな暮らしに貢献します」としています。資生堂は「私たちは、多くの人々との出会いを通じて、新しく深みのある価値を発見し新しい生活文化を創造します」とあります。また、宅急便でおなじみのヤマトホールディングスは「ヤマトグループは、社会的インフラとしての宅急便ネットワークの高度化、より便利で快適な生活関連サービスの創造、革新的な物流システムの開発を通じて、豊かな社会の実現に貢献します」としています。以下、169頁をご覧ください。

企業理念のパターン

次に理念パターンについて考えていきましょう。

これらの理念を参考にしながら案を練り上げていくと、企業理念の基本を外さない理念作りができるものと思います。

まずシンプル型を見てみますと、**セブンセブンの場合**は「私たちは卓越した技術とモノづくり魂を持って美と機能を備えた創造的な商品を提供し幸福感あふれる暮らしづくりに貢献します」とあります。セブンセブンという企業は、氷を入れても六時間溶けない〝真

企業理念モデル

私たちは、自然の恵みを大切に活か**し、**おいしさと楽しさを創造**して、**
人々の健やかなくらしに貢献**します。** カルビーグループ

私たちは、多くの人々との出会いを**通じて、**新しく深みのある価値を発見**し、**
美しい生活文化を創造**します。** 資生堂

私たちは、消費者・顧客の立場にたって、心をこめた“よきモノづくり”を行い、世界の人々の喜びと満足のある、豊かな生活文化の実現に**貢献することを使命とします。** 花王

自由でみずみずしい発想を原動力に
すばらしい夢と感動
ひととしての喜び
そしてやすらぎを**提供します。** ㈱オリエンタルランド　東京ディズニーランド

ヤマトグループは、社会的インフラとしての宅急便ネットワークの高度化、
より便利で快適な生活関連サービスの創造、
革新的な物流システムの開発を**通じて、**
豊かな社会の実現に**貢献します。** ヤマトホールディングス

私たち旭化成グループは、科学と英知による絶えざる革新で、
人々の“いのち”と“くらし”に**貢献します。** 旭化成株式会社

ダスキンは、利益追求のみならず、世の中の人に喜ばれる「喜びのタネまき」を**実践し、**地域の人々と喜びを分かち合い、物も心も豊かな暮らしに**貢献することで、**継続的な企業価値の向上を**目指します。** 株式会社ダスキン

空のチタンカップ〟を作っている工場なので、その独創的な商品の提供によって「幸福感あふれる暮らしづくりに貢献」すると言っています。

このように「領域」が明確なモノづくり企業の場合は「モノづくり魂を持って美と機能を備えた独創的な商品の提供」というように、モノづくりの基本的な内容を組み込んだ領域を設定しています。

アサヒ飲料の場合は「わが社は飲料事業の分野で社会や市場の変化に対応し、高品質で安全な商品と真心のこもったサービスの提供を通じて豊かで健康な食生活の実現に貢献し、限りなく発展する企業を目指す」とあります。〝我が社は飲料事業の分野〟としてはっきりと自社の活動領域を組み込んでいます。「安全な商品と真心こもったサービスの提供を通じて」というように〝何々を通じて〟の軸を入れた上で「健康豊かで健康な食生活の実現に貢献」としているわけです。

愛知機械工業の場合は「くるまに関連したモノづくりを通じて」というように、これもはっきりと事業領域を絞り込んでいます。

これらのケースは標準的なタイプの企業理念と言えます。

次に「創業精神継承型」ですが、**東京コカコーラの場合**は「人に喜びを与えて一緒に幸せになろう」が創業者の想いです。次の創業の精神継承型として、**ニチバン**は「私たちは和親協力・進取向上」を創業の精神として継承しますと、はっきりと記述して打ち出しています。

アキレスの創業の精神の『和をもって貴しとなす』は創業以来心のささえとして会社の伝統を築いてまいりました」と、はっきりと明記しているのが特徴的です。

次の「存在意義」「事業領域打ち出し方」ですが、これは二つの例がなされ、紹介されています。

アベルコの場合は「快適な空間づくりのためのシステムとサービスの提供」として〝快適な空間作り〟というところに領域を絞っております。

ダイワ精工の場合は「スポーツとレジャーを通して健康・ゆとり文化を創造します」というように事業領域をはっきりと明示しています。

「経営姿勢打ち出し型」については、まずクラリオンのケースを見てみましょう。**クラリオン**は「優れた製品とサービスを提供し、お客様に満足と喜びをおくる」と「自由闊達な風土を作る」であるとか「地域社会の発展のために企業市民としての責任を全うする」という経営姿勢を明確に示しています。

アルプス電気の場合は「価値の追求」「地球との調和」「顧客との共生」「公正な経営」「個の尊重」というように経営姿勢を具体的に示しています。

シンプル（事業領域、存在意義包み込み）型

㈱セブンセブン

企業理念

私たちは卓越した技術と、ものづくり魂をもって美と機能を備えた独創的な商品を提供し幸福感溢れる暮らしづくりに貢献します

行動指針

一、私たちは情熱と誠意を持って課題に向かい素早く行動します

一、私たちは持てる力をフルに発揮し、粘り強く改善向上に挑戦します

一、私たちは人やモノとの触れ合いを大切にし〝連帯感〟を持って活力ある職場をつくります

一、私たちは感謝の気持ちと熱き心でお客様に感動と喜びを提供します

シンプル（事業領域、存在意義包み込み）型

アサヒ飲料㈱

経営理念

わが社は飲料事業の分野で社会や市場の変化に対応し、商品質で安全な商品と真心のこもったサービスの提供を通じて豊かで健康な食生活の実現に貢献し、限りなく発展する企業を目指す。

3つの心構え

1、私たちは、何事にも高い目標を掲げ日々「革新」に徹します。

2、私たちは、「安心」して飲めるおいしい商品づくりに徹します。

3、私たちは、全ての人々の「信頼」をかちとる行動に徹します。

愛知機械工業㈱

経営理念

わたくしたちは

お客さまに満足していただける

くるまに関連した「モノづくり」を通じて、

社会と調和しながら「ひとの豊かさ」を追求します。

3つの心構え

1　誠実に行動し、社会から信頼される人をめざそう

2　他にない技術で価値を創造し、魅力ある商品を提供しよう

3　みずから高い目標に挑戦し、ゆたかな職場をつくろう

4　企業にかかわる人びとと協力し創造に努め、共に生きよう

スローガン

Technology for Amenity

「ひとの豊かさ」を追求するモノづくり愛知機械

創業精神（創業の想い）継承型

東京コカ・コーラ

創業の想い

ひとによろこびをあたえ　一緒に幸せになろう

経営理念

私たち東京コカ・コーラグループは、人と人との絆を大切に、あらゆるシーンでさわやかさを演出し、うるおいくらしづくりに貢献します。

行動指針

《お客様の視点》
私たちは、お客様の立場になって、自ら工夫し素早く行動します。

《人の視点》
私たちは、持てる力をフルに燃やし、粘り強く可能性に挑戦します。

《組織の視点》
私たちは、互いに尊重し熱き心で語り合い、活力ある職場をつくります。

《社会・企業市民の視点》
私たちは、地域社会と環境に気を配り、感謝の心で尽くします。

ニチバン㈱

ニチバンの理念

創業の精神

私たちは、「和親協力・進取向上」を〝創業の精神〟として継承します。

基本理念

私たちは、常に社会に役立つ価値を創出し時代を拓き、ニチバンにかかわる全ての人々の幸せを実現します。

企業メッセージ

「BEING」とは、「存在」、「人生（life）」のこと。つまり「BETTER BEING」とは「より良き存在」、「より良き人生」の意味になります。そしてこのメッセージに、お客様のよりよい生活のために、様々な場面で一生懸命お手伝いをしますという私たちの謙虚な姿勢と、お客様をはじめ社会のすべての人々にとって、ニチバンが常によりよい存在でありたいという願いを込めています。
そしてこれらが「ニチバンにかかわるすべての人々の幸せを実現する」という基本理念を表現しているのです。

創業精神（創業の想い）継承型

アキレス㈱

創業の精神

「和を以って貴しと為す」

アキレスは創業以来、「和を以って貴しと為す」を心のささえとして、会社の伝統を築いてまいりました。

これからも幾多の苦難の道を切り拓いて行かねばなりませんが、それには、社員一人一人が信じ合い、励まし合い、協力し合って、会社の発展、全社員の幸福を追求し続ける姿勢が最も大切であります。

社是

「真実・確率」

真実とは、市場の真実を正く把握し、洞察し、常に市場・顧客の求める商品・サービスを提供し続けること。

確率とは、真実に基づき開発された商品・サービスの供給を、適時適切に行い、その回転を高め、顧客と共に利益向上の確率を高め、共存共栄を徹底追求すること。

「存在意義」「事業領域」打ち出し型

㈱アベルコ

事業領域

快適な空間づくりのためのシステムとサービスの提供。

存在意義

快適な空間づくりを通して、美しい社会の創造に寄与します。

経営姿勢

■仕事を通じて常に新しい提案を行ない、理解と共感の輪を広げます。

■信頼される経営によって、会社の堅実な発展を目指します。

行動規範

私たちは、お客様の立場になって、ともに協力し、敏速に対応し、進んで挑戦します。

ダイワ精工㈱

企業理念

存在意義

ダイワは、人を大切にし、夢と生きがいを提供します。

企業目標

ダイワは、世界の人々に求められる〝地球企業〟を目指します。

経営姿勢

ダイワは、変化し、新しい時代に挑戦します。

事業領域

ダイワは、スポーツとレジャーを通じて健康・ゆとり文化を創造します。

ダイワスピリット

挑戦　変化を恐れず、果敢な挑戦で夢を実現させよう。

創造　新しい時代に備え、感情を磨き、常に創造力あふれる行動をとろう。

協調　互いの人間性を尊重し、協調性豊かな職場で総合力を発揮しよう

自主　責任感を持って、自主的にのびのび働こう。

向上　常に自己革新に努め、視野を広げよう。

経営姿勢打ち出し型

クラリオン㈱

基本理念

クラリオンは、音と情報と人間のより良きつながりを追求し、価値ある商品を生みだすことにより、豊かな社会づくりに寄与します。

経営姿勢

○優れた製品とサービスを提供し、お客様に満足と喜びをおくる。
○独自の発想と技術により、新たな価値を創造する。
○個々の人間性と能力を尊重し、自由闊達な風土を作る。
○人と社会と自然の調和を図り環境維持につとめる。
○地域社会の発展のために、企業市民としての責任を全うする。
○適正な利潤の確保により、継続的な成長を果たす。

行動指針

私たちは、
○常に勇気を持って自らを革新し、高い目標に〝挑戦〟します。
○常に新しい価値を生みだす夢と感動を〝創造〟します。
○常に人々の信頼に応えるために、〝誠意〟を尽くします。

アルプス電気㈱

企業理念

アルプスは人と地球に喜ばれる新たな価値を創造します。

経営姿勢

〔価値の追求〕私たちは、新たな価値の創造を追究する経営をめざします。
〔地球との調和〕私たちは、地球に優しく環境に調和する経営をめざします。
〔顧客との共生〕私たちは、お客様から学び素早く応える経営をめざします。
〔公正な経営〕私たちは、世界的な視点に立った公正な経営をめざします。
〔個の尊重〕私たちは、社員の情熱を引き出し活かす経営をめざします。

行動指針

1　柔軟な思考と挑戦的行動で新しい価値を実現する。
2　美しい自然を守り、貴重な資源を大切にする。
3　スピードある判断と十戦でお客様の期待に応える。
4　世界のルールや文化の理解に努めフェアに行動する。
5　専門性を追究しプロフェッショナルな集団を志向する。

企業理念作りの手順【プログラム】

プロセス参画方式で理念を作る

経営理念を作成するにあたっては「プロセス参画方式」をとることが望ましいです。これは経営理念を作る過程で、なるべく多くの社員を巻き込んで、彼らの意見を生かしながらみんなの手で作り上げていく方法です。

多くの会社には経営理念が存在し、ホームページなどにそれが示されています。しかし理念や行動指針が社員一人ひとりの心の中に浸透して、日々の言動の中にそれが息づいているかどうかが一番大切なことなのです。

社員への理念浸透を意識すると、理念構築をしていく過程で社員を巻き込み参加させるプロセス参画方式が望ましいと、私は多くの指導経験からそう考えています。

この方式を実践することにより、企業理念を作り上げた段階で社員の心の中の半分以上は理念のキーワードが根づきはじめているというわけです。

具体的には、「望ましい社員像」「望ましい組織像」「望ましい社風文化」そして外から見た「望ましいイメージ」等、それぞれの項目については社員の意見を入れて、企業理念を完成させていきたいところです。

企業理念の構築にあたっては、プロジェクトチームを組んで数人のメンバーを中心にして作り上げるのが一般的です。その際、そのプロジェクトメンバーが中心となって「望ましい社員像についてどう考えますか」「外から見てどんなイメージの会社に思われたいですか」というように社員の意見を全社から吸い上げていくわけです。

これはアンケート方式でとる場合と、いくつかグループを分けて話し合うグループディスカッション方式で吸い上げる場合があります。それら両者を併用する場合もあります。

一番望ましいのは、全社員が六、七人の小グループに分かれて話し合って各項目をアウトプットし、それをプロジェクトチームメンバーが集め、その中からキーワードを選出していくという方式をとることです。このようにして出来上がったキーワードは、その都度全社員にフィードバックしていきます。具体的には、皆が集う食堂などに我社の望ましい社員像とは「これです」と貼り出したり、社内向けのパソコン上にイントラで流したり、またメーリングリストで共有化したりしていきます。

こうすることによって、全社員は「我が社の望ましい社員像」「望ましい組織像」等々に関してその都度意識を引きつけ高めていきます。経営理念や行動指針が出来上がった段階で、その半分以上は社員の心の中にそのキーワードとしてその意味や出来上がった背景が浸透しているというわけです。

さて、こうした考え方に基づく作成手順を紹介していきましょう。この進め方は182頁の某社のプロジェクト計画に基づきます。

プロジェクトチームを編成する

まず「理念構築プロジェクトチーム」を編成します。六、七人（話し合いしやすい人数とする）のチームが望ましいです。さまざまな事業部から代表者を一人ずつ選出した場合など、時には人数が増え、十二、三名となってしまう場合もありますが、そのような場合は話し合う時に六、七人ずつの二チームで編成します。

若手からベテラン社員まで年代混成そして男女混成にしてプロジェクトチームを編成します。

プロジェクトチームは①「会社内のさまざまなことに問題意識を持っている人」②「日頃から提言したり勉強しているメンバー」③「愛社精神が高い人」④「会社に起きるさまざまなことに心を配っている人物」⑤「社内外に人脈が多い人」⑥「社内に影響力や人気の高いメンバー」などの基準でメンバーが選出されていきます。

プロジェクトの推進の手順とプログラム

具体的にこのプロジェクトはどんな手順で進めていくのか紹介しましょう。

プロジェクトチームが編成されて第一ステップはチームワーク作りです。まずは自己紹介・近況紹介が行われます。ここでは「自分の仕事内容や行っている活動」をはじめ「最近の社内での出来事で関心ある事柄」「今回のプロジェクトチームに関わる上での心構え」などが発信され、相互理解を深めることからスタートします。相互理解と一体感作りをし、チームで心ひとつに頑張ろうという集団のモチベーション形成をしていく段階です。

主催者から、場合によっては社長や担当役員から直接理念作りの重要性とプロジェクトへの期待を述べてもらいます。今なぜ企業理念が必要なのかがまず伝わります。

併せて理念作りの進め方のプラグラムや各社のケースが紹介されていきます。

理念作り（社風改革）プロジェクト計画

<ミーティング・コーディネート>

月／日	ゼロミーティング	
	プロジェクトメンバー編成 （各部、各階層より７～８名選出）―若手中心・女性含―	

月／日	プロジェクト第１回	時間
	理念作りの考え方、すすめ方 ①今なぜ理念なのか　企業理念とは ②理念作り（社風改革）プロジェクトの役割・使命 ③理念作りの考え方、すすめ方	４～５時間

月／日	プロジェクト第２回	時間
	理念作りの枠組みとプロセス設計 ①各社の理念作りのすすめ方　各社のケース ②我社の理念作りのプロセス設計（アクションプラン作り） ③全社員アンケートとヒアリング計画作り	４～５時間

月／日	アンケート実施	時間
	全社員へのアンケート実施と一部メンバーによるまとめ	３時間

月／日	プロジェクト第３回	時間
	アンケート結果の分析と巻き込みについて ①アンケートの分類結果の分析　キーワード選び ②全社員へのフィードバックの関心喚起のしかけ作り ③キーマンの巻き込みとサーベイ法の検討	４～５時間

月／日	プロジェクト第４回	時間
	期待される社員像　組織像 ①期待される社員像キーワード作り ②望ましい組織のあり方・キーワード作り ③社内メンバーへのフィードバック検討	４～５時間

月／日	プロジェクト第５回	時間
	望ましい社風・風土・望ましい組織のあり方についての研究 ①これからの望ましい企業像 ②望ましい組織と社風について ―我が社の現状分析― ③我社としてありたい組織の姿のイメージ作り	４～５時間

月／日	プロジェクト第６回	時間
	望ましい企業のイメージ　望ましい社風風土 ①望ましい企業イメージ分類とキーワード選び ②望ましい社風風土の分類とキーワード選び ③社内メンバーへのフィードバック	４～５時間

月／日	プロジェクト第７回	時間
	各社の企業理念のパターン研究と理念案作り ①各社の企業理念の研究 ②当社の企業理念パターン作り ③企業理念案作り	４～５時間

月／日	プロジェクト第８回	時間
	行動指針作り ①各社の行動指針の研究 ②当社の行動指針に入るべきキーワード選び ③行動指針案作り	４～５時間

月／日	トップミーティング（１）（プロジェクトメンバー代表９—①回）	時間
	＜トップの理念への意志決定＞ ①今までの経緯説明 ②企業理念案の背景の説明 ③トップによる理念決定	３～４時間

月／日	トップミーティング（２）（プロジェクトメンバー代表９—②回）	時間
	①行動指針作りまでの背景 ②行動指針の意味の説明→トップによる決定 ③理念、行動指針、神道とトップチームが考える新しい社風作り への期待、要望、問題点	３～４時間

月／日	プロジェクト第１０回	時間
	理念の発信について ①理念の発表・発信方法の研究 ②全社展開を具体的にどうする（アクションプランのアイデア出し） ③理念発表のツール作りとアクションプラン作り	４～５時間

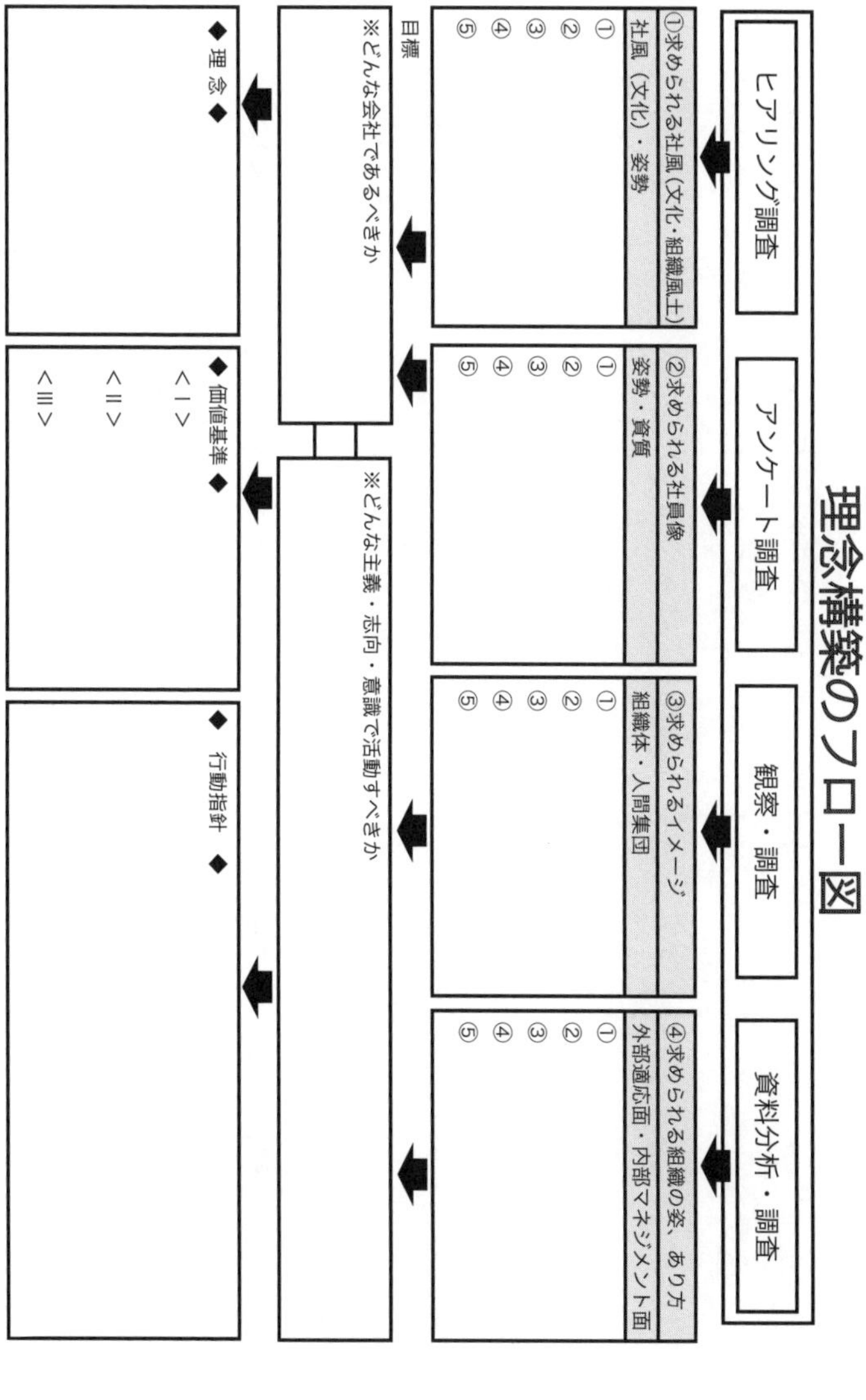
理念構築のフロー図
ヒアリング調査
アンケート調査
観察・調査
資料分析・調査
①求められる社風(文化・組織風土)
社風（文化）・姿勢
①
②
③
④
⑤
②求められる社員像
姿勢・資質
①
②
③
④
⑤
③求められるイメージ
組織体・人間集団
①
②
③
④
⑤
④求められる組織の姿、あり方
外部適応面・内部マネジメント面
①
②
③
④
⑤
目標
※どんな会社であるべきか
※どんな主義・志向・意識で活動すべきか
◆理 念◆
◆価値基準◆
<Ⅰ>
<Ⅱ>
<Ⅲ>
◆ 行動指針 ◆

理念構築のステップ

185頁の図は理念構築のフロー図です。ここにありますように、理念構築をするにはきちんとした手順を踏んで行う必要があります。

図に示されているよう、まずは「求められる社員像」とはどういうものかを整理します。次に「求められる組織」の姿とあり方を内部のマネジメント面と外部の適応面から考えます。

次に求められる「社風・風土文化」です。

そして最後に「求められる企業のイメージ」です。つまり我が社は外部の人たちの目からどのようなイメージに見られたいかということです。この四つをまず明確に整理していくことが大切です。

そのために、社員へのアンケート調査を行って「皆さんはこれらに関してどう思いますか」という記入してもらう方法が多くはとられます。

またヒアリング調査で各項目についてどう考えるのかを一対一で聞く、または数名にインタビューして聞いていくという方法をとる場合もあります。

＜理念作りのための意識調査票＞

1.「望ましい社員像（姿勢・資質)」を３項目あげてください

例：向上心にあふれる、熱心、有能、独創的、協力的等

○
○
○

2.「望ましい組織像（職場の姿、あり方)」 を３項目あげてください

例：尊重・信頼、一体感がある、自主性・主体性等

○
○
○

3.「望ましい企業イメージ」を３項目あげてください

例：先見性がある企業、困ったときに頼りになる企業、柔軟で行動力がある企業等

○
○
○

4.「望ましい社風（企業文化・風土)」を３項目あげてください

例：技術志向である、お客様を第一に考える、チャレンジ精神が旺盛等

○
○
○

可能であればグループディスカッションを行って「望ましい社員像は何か」「イメージは何か」「望ましい風土は何か」というように語らいながらまとめていく方法が最も望ましいと思われます。「プロセス参画方式」ですので、より多くのメンバーを巻き込んで作っていこうというわけです。

そして話し合った結果を踏まえて「どんな会社であるべきか」「どんな意識で活動するべきか」を整理して、それに基づいて「理念と価値基準」そして「行動指針」を作りこんでいくというステップをとり、理念構築していくわけです。

ここにいくつかの記入例を示しておきましょう。

社員にアンケートを実施する場合、187頁の図にあるような項目を入れたアンケート用紙を配布すると記入しやすいと思います。

最終的には全ての項目、キーワードを集約し、七項目ぐらいにまとめていくという方法がとられます。

アンケートの実施方法として、まず「望ましい社員像」「望ましい組織」「社風作り」から「望ましい企業イメージ」までの四項目全てを一挙に実施する場合があります。ただし、アンケート慣れしていない会社などは記入しやすい「望ましい社員像」から一項目ずつ実施する方法をとっても良いでしょう。または「望ましい社員像」と「望ましい組織の在り方」の二項目をまとめて実施する方法も考えられます。

これらは会社の規模や社員の意識レベル、またアンケート等に社員が慣れているかどうかによって検討します。

プロジェクトメンバーが三、四人で〆切期間内に提出されたアンケートの記入内容の集約をし、分類・分析し、上位項目から大まかに整理しておいて次回に臨みます。

第二回目ミーティングは、前もって代表者で分類したアンケートの集計結果が紹介されます。「上位十から十五項目のキーワードが何であったか」など報告されます。

全社員のアンケート結果をもとに、重点キーワードとして六、七項目に絞り込んでいきます。

ここでは他社ではどういう内容であったかという他社の事例などが紹介されます。

続いて「エクセレントカンパニー」つまり「世界の優良企業のあり方」なども紹介されます。

「アンケート結果」と「各社の事例」と「エクセレントカンパニーの理論」に基づいての「望ましい社員像」や「望ましい組織像」を踏まえて、我が社は何が望ましいのかキーワード

望ましい企業イメージ・社風 風土（企業文化）各社のケース

東京コカ・コーラ

望ましい企業イメージ	望ましい社風・風土
・フレッシュ	・挑戦的
・新鮮	・創造的
・先見性がある	・顧客第一主義
・柔軟で行動力がある	・革新的
・エネルギッシュで活力がある	・人間重視
・未来志向である	

ミクロ技術研究所

望ましい企業イメージ	望ましい社風・風土
・誠実→お客様から信頼される	・技術志向である
・ベンチャー志向	・顧客志向である
・困った時に頼りになる	・創造性がある
・ミクロマンが会社に来れば楽しくなる	・開発志向である
・新鮮なイメージを受ける会社	・文化思考である
・新しいものを次から次へ出す会社	・人間志向である

明治飼糧

望ましい企業イメージ	望ましい社風・風土
・地域密着	・お客様を第一に考える
・トータルアドバイザー	・チャレンジ精神旺盛（チャレンジを応援する風土）
・牛の事なら明治に聞けば何とかなる	・創造性を大切にする気風
・酪農畜産のベストパートナー	・チーム力/結束力の強い社風
・お客様と共に夢を実現する会社	・新しいものをスピーディに取り入れる
・農家を幸せにしてくれる会社	・活き活き/キラキラ
・新しい価値を創造する会社	・牛と現場への異常な愛着
・循環型組織を支える会社	

理念作りプロジェクト

理念作りキーワードのまとめ

求められる社員像	求められる組織像	求められる会社のイメージ	求められる社風・風土
自主性／主体性	顧客第一	選ばれるNo. 1企業	人間性を重視
自主性／自律性	地域密着	社会貢献・地域貢献している	新しいことに挑戦する
行動力＝フットワーク／アタック	一日ひとつでも多く	いつも元気で活気あふれる	活き活きとした
情熱	一丸	創造的に対応してくれる	チーム力／結束力の強い
チャレンジ	チャレンジング	誇り・誇れる	努力を怠らず
チームワーク	オープンマインド	パイオニアスピリット（精神のある）	熱い思い出で語り合う
やり切る（やり遂げる）	互いに尊重し合える	スピーディーで勢いのある	学び成長
ふれあい	学び成長する	うるおいのある	感謝の気持ち（心）
思いやり			
清潔			

↓

企業理念（案）の検討

を七項目ぐらいに絞り込んでいきます（191頁の図参照）。

決定された七項目に関しては全社員にその都度提示し、紹介されます。そうしたフィードバックによって、社員の意識をそこに向けていくことが大切です。

ところでプロジェクトメンバーが七、八項目に絞り込んでいく場合、それが必ずしも「世の中一般的に望ましい企業」であったり、エクセレントカンパニーになり得るようなキーワードとは異なることもあるでしょう。

このことは、「望ましい組織像」や「望ましい社員像」の項目は、その企業の体質やその企業特有の組織風土の中から生まれた価値観に基づいているということです。

例えば、伝統的な官僚的な企業から提出されるキーワードは、「誠実」とか「確実」「安全」といったキーワードが多く出てきます。

ベンチャー企業の中からは「創造」や「チャレンジ」「やり切る」などといった内容が出てきます。それぞれの企業のその体質の中で、社員たちが好むキーワードが選ばれるのは当然のことです。

メンバーは皆、その体質の中で育ち、どっぷりその風土につかっているため、必ずしも優良企業の条件とマッチしているとは限らないというわけです。

優良企業に照らして傾向を修正する

195頁に紹介している内容が職場開発の章でも紹介したエクセレントカンパニー、つまり優良企業の条件で紹介されている八項目です。「行動重視」「顧客密着」の姿勢ではじまる有名な八項目です。

例えば行動重視の中身を見ると、多くの優良企業の行動指針が「やってみよう！　だめなら直せ！　試してみよ！」であり、基本的に「実験精神が旺盛である。また、さまざまな具体的な工夫を凝らしてフットワークの軽さを保つことによって、巨大さに伴いがちな

〈望ましい企業イメージ〉
① 地域密着
② トータルアドバイザー
③ 牛の事なら明治に聞けばなんとかなる
④ 酪農畜産のベストパートナー
⑤ お客様と共に夢を実現する会社
⑥ 農家を幸せにしてくれる会社
⑦ 新しい価値を創造する会社
⑧ 循環型社会を支える会社

〈求められる組織〉
① 家族のようにお互いを助け合える
② 同じ目標に向かっている
③ チャレンジを応援する組織
④ 柔軟性のある組織
⑤ 連帯感・一体感のある組織
⑥ 個々の自主性・主体性
⑦ 改革を好む組織
⑧ 志が同じ

〈求められる社風〉
① お客様を第一に考える
②チャレンジ精神旺盛(チャレンジを応援する風土)
③ 酪農畜産現場第一
④ 創造性を大事にする気風
⑤ チーム力・結束力の強い社風
⑥ 新しいものをスピーディーに取り入れる
⑦ 活き活き・キラキラ
⑧ 牛と現場への異常な愛着

〈望ましい社員像〉
① 明るく元気で前向き
② 向上心の高い
③ 気配り・心配り・思いやり
④ 頼りがいがある
⑤ 行動力
⑥ 創意工夫
⑦ スピーディーでレスポンスが早い
⑧ 利他的で義理人情に厚い人

経営理念キーワード
① 酪農畜産のベストパートナーとして、地域に密着したサービスを提供する
② 牛と牧場に密着し、酪農畜産の発展を通じて地域社会に貢献する
③ お客様と共に夢を実現し、酪農畜産のベストパートナーとなる
④ 牛の事なら明治に！と思われる農家のトータルアドバイザーとなる
⑤ 酪農畜産発展のため、愛情を持って革新し続ける
⑥ 牛にかかわる全ての人を幸せにする会社
⑦ 牛と牧場の愛着を持ち、先端（卓越した）技術で・・・

(明治飼糧ワークシートより)

鈍さに対抗しようとしている」ということです。

次の「顧客密着」に関しては「お客様から学び、最上の品質とサービスと信頼を提供する。革新的企業の多くが、製品に関して最良のサービスを顧客から得ている」ということです。以下、詳しくは195頁をご覧ください。

ここにエクセレントカンパニーの項目について紹介しました。「望ましい社員」や「望ましい組織のあり方」も自社の社風体質の中から出てきた考え方に基づき、選択されてきた項目やキーワードであれば、偏ってしまうことも考えられます。

そこで、このように優良企業の条件項目などをプロジェクトメンバーに示して、これらの内容を参考にしながら部分修正し、項目決めをしていく方法がとられるというわけです。

文化診断書を使って傾向を修正する

偏った社風から出されたキーワード修正するために、113頁のような診断書を使う場合もあります。例えば「行動志向か安全志向か」これは「たとえ失敗の可能性が高い状況にあってもまずは行動し実践してみることを重要視するか、それとも失敗を避ける行動を重視するか」といった両方の側面から職場を診断してみます。

エクセレント・カンパニーの再検証
優良企業の条件

調査結果をもとに超優良企業を最もよく特徴づける基本的特質（超優良企業の条件）として次の8つを提示している。

1. 行動の重視（A Bias for Action）
超優良企業の多くの行動指針が「やってみよ！だめなら直せ！試してみよ！」なのであり、基本的に実験精神が旺盛である。また、さまざまな具体的工夫をこらしてフットワークの軽さを保つとによって、巨大さに伴いがちな鈍さに対抗しようとしている。

2. 顧客に密着する（Close to the Customer）
お客様から学び、最上の品質とサービスと信頼（いつまでも価値のある“モノ”）を提供する。革新的企業の多くが、製品に関して最良のアイディアを顧客から得ている。

3. 自主性と企業家精神（Autonomy and Entrepreneurship）
革新的な企業は社内に大勢のリーダーと創意ある社員をかかえており、全員の首に短い鎖をつけて創造力を失わせてしまうことをしない。実践的なリスクを冒すことを奨励し、“惜しい”失敗を支援する。

4. 人を通じての生産性向上（Productivity through People）
組織の末端まで含めて全社員を、品質および生産性向上の源泉として扱っており資本家と労働者（オレたち対ヤツら）的な空気を作らない。そして資本投下が能率向上の根本策であるとは考えていない。

5. 価値観にもとづく実践（Hands-On, Value-Driven）
価値観形成の過程を真剣に考えるなど、価値観というものが非常に大切にされている。指導者たちが、組織の末端に至るまで、生き生きとして活気に満ちた環境を作り出している。

6. 機軸から離れない（Stick to the Knitting）
多少の例外はあるものの、自らが熟知している業種にある程度固執する企業のほうが卓越した業績をあげている。概して有力な企業は、内部的な多角化をはかり、一時に抜き差しならないほどの動きを示さない。

7. 単純な組織・小さな本社（Simple Form, Lean Staff）
超優良企業の支柱となっている機構と体制は、まことにすっきりと単純なものであり、少人数のスタッフで全体を動かしているため、管理層が薄く、本社管理部門が小さい。

8. 厳しさと緩やかさの両面を同時に持つ（Simultaneous Loose-Tight Properties）
超優良企業は中央集権と権力分散（分権）の両面を兼ね備えており、中央からの厳格な指令と個人における最大限の自主性が共存している。すなわち、一方で厳格に管理しながら、他方で一般社員が自主性や企業家精神、革新の気運を発揮することを許容している。

次の「創造性志向か調和志向か」は「組織の秩序調和が多少崩れても個々人の自律性や創造性を重視するか、それとも組織の秩序維持と集団の調和を重視するか」といった内容です。以下197頁に基づいてチェックしてみてください。

結論から述べるとこれらは、チェックリストの左側に寄っている文化風土を持っている職場のほうが活性化されており、業績も高いというものです。具体的には「行動志向」であり、「創造志向」であり、「個性志向」であり「革新志向」ということであります。

したがって、これら上記四項目が左側の方に寄っている組織のほうが良い体質であり、良い成果を出す組織であると言えます。

こうした文化・風土診断を行いながら、望ましい社風・文化風土に向けてのキーワードを探り出して、従来その企業が持つ風土に基づいて選択されてきた項目やキーワードを一度壊して、望ましい方向を探り返す手順がワンストップでつけ加えられる、というわけです。

それぞれ望ましいキーワードが決定されたものは、193頁の図のように整理して一覧表に作成します。

193頁の図の明治飼糧の例に見られるよう、4つの領域のキーワードが出そろうと、

文化診断表

1．行動志向	5	4	3	2	1	0	1	2	3	4	5	安全志向
2．創造性志向	5	4	3	2	1	0	1	2	3	4	5	調和志向
3．個性志向	5	4	3	2	1	0	1	2	3	4	5	規則志向
4．革新志向	5	4	3	2	1	0	1	2	3	4	5	安定志向

企業理念の中に入れ込むキーワードのイメージがそれとなく出来上がってきます。

企業理念作り

企業理念の構築にあたっては162頁に述べたように、三つの組み合わせが基本になっていきます。それは「事業領域」を明確に設定する場合と「基本的な考え方・姿勢」を柱に置く場合は、どこの誰にどんな貢献をするのかを示す貢献対象などが検討され、我が社の存在意義（ミッション）などもはっきりさせていきます。

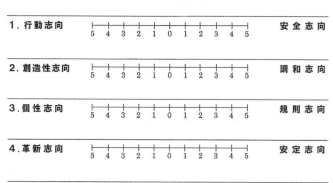

企業理念モデルを示し、そのパターンを解説しました。また読者の皆さんのお馴染みの企業の企業理念も紹介し、イメージが湧くようにしてあります。

また、私が代表を務める株式会社日本経営理念研究所がプロセスコンサルテーションを担当して、各社のプロジェクトチームが作成したモデルも163から165頁に紹介してあります。これらを参考にしながら自社らしさ（アイデンティティー）を確立したユニークな企業理念を作成していくことをお勧めします。

この場合も前述した（161頁）ように「わかりやすい」「読みやすい」「我が社らしい特徴がある」「何か話題を誘いそう」などのチェックポイントも頭に入れて作成してみてください。

行動指針作り

企業理念が作成されると、それに基づいて行動指針が作成されていきます。行動指針は一般的に二十～二十五文字のものを四項目作ることになります。

プロジェクトチームのメンバーが、それぞれ行動指針の案を前もって作り込んで一、二項目ずつ持参をし、それをもとに全員で話し合って決定していくという方法を用いると効率的でしょう。

行動指針はひとつの項目ごとに四つのキーワードを組み合わせて文章とし、仕上げていきます。これらのキーワードは164頁のように一覧表にまとめられた各七、八項目の中から選抜し組み立てられていきます。例えば「①お客様の立場」に立って「②自ら考え」「③素早く」「④行動」しますといった四つのキーワードを組み合わせて作成していくわけです。「お客様の立場」で顧客重視を表し、「自ら考え」て自主性・主体性を重視しています。「素早く行動します」というのは、スピード感とその行動力を表しているわけです。このように実践すべきキーワードを「スピード」とか「すばやさ」といったキーワードを組み合わせて一行目の行動指針を作り上げます。

行動指針は経営陣に提案し、その中から選抜してもらうため、五、六案作成しておくようにすると良いでしょう。

トップミーティングの進め方

理念行動指針のプロジェクトチームによって、「企業理念」と「行動指針」の案が出来上がると、次はトップミーティングが行われます。経営陣が集まってのミーティングは少なくとも三、四時間はかかります。可能であれば一日であるとか、場合によっては一泊二日ぐらいの時間を割いて行うのが望ましいかと思われます。

企業理念案と行動指針案をいきなり提示して、経営者に「これが案です、さあ選んで決めてください」といった方法をとってはいけません。

ミーティングの手順としては、最初に今までプロジェクトチームが何回かに渡り、どのようなプロセスを踏んで理念作りを行ってきたのかを丁寧に報告します。

そしてアンケートの内容やディスカッションを実施した経緯を詳しく報告します。アンケートは回収率何パーセントであり、延べ何人の意見が反映されているというよう、具体的な手順にそって事実データを提示していきます。

グループディスカッションの流れの中では「望ましい社員像」や「望ましい社風」などにどのようなキーワードが出されたか、「どんな内容について特に深い議論がなされ、どうしてこのように決めたのか」といったように、そのそれぞれの過程で議論の中身をしっかり伝えていくことです。

特に「望ましい社員像」「望ましい組織文化や風土」そして「望ましいと思われているイメージとしては○○であった」というように、プロジェクト内における議論の背景等もしっかりと伝えておく必要があります。レポートを読みあげるような表面的な報告会になってしまっては、その後のトップミーティングが盛り上がりません。プロジェクトの過程でのご苦労や激論になった点など、熱っぽく伝えることが大切です。

トップミーティングのプログラム

一、プロジェクトの今までの経過説明
二、アンケートの結果の説明
三、プロジェクトが選んだキーワード報告
四、理念と行動指針のプロジェクト案提言
五、トップミーティング議論用の資料と話し合いの手順説明
六、質問を受けて終了

トップミーティングの場にはプロジェクトチームのメンバーが一、二名参加して、トップとの話し合いの流れの中で、経営者同士の質問等に応じる場合と、経営者グループだけで検討する場合があります。

部下が話し合いの場にいると経営者同士の議論に遠慮が出るので、トップグループだけのほうが一般的には望ましいと思われます。経営陣としてこの機会に十分に考え方をぶつけ合い、共有化しあってまとめ上げていくことが必要となります。

特に日頃からトップ同士の考え方や価値観や向かう方向などの意見が異なる場合もありますので、こうした企業理念を作り込むプロセスを通じて、経営者の考え方や価値観をすり合わせ、共有してベクトル合わせを行うには、最も良いチャンスであると考えます。

したがって、時には一日、または一泊二日となることもあり得るというわけです。こうして決定された理念は、いよいよ浸透の段階に入ります。

第6章

一丸になって行動する「企業理念の浸透の仕方」

企業理念浸透の実践

企業理念浸透の考え方・すすめ方

企業理念が出来上がると、次は浸透について考え、計画を設計しなくてはなりません。
①今までのプロジェクトチームと同じメンバーで理念浸透を担当する場合と②新しく浸透のためのプロジェクトチームを編成する場合があります。③旧メンバーを半分くらいかまたは、三分の一ぐらい残して新チームを組んだほうが今までの流れがわかって効果的です。

ここで言う「浸透」とは、社員一人ひとりの行為・行動の中に行動指針で示されている内容が身について、そのまま言動となって現れてくるレベルを指して、浸透と言います。

よく見られるケースとしては新入社員教育で理念を新人たちに暗記させ、それが空で言えるようになったので、「理念が浸透した」と語る会社がありますが、これは単なる理念

企業理念・行動指針浸透のために

	理念浸透の方策
1	企業理念を額に入れ各職場に掲げる
2	毎朝職場単位で唱和を行う
3	３名以上集まる会議前に唱和を行う
4	理念・行動指針の解釈ミーティングを職場単位で行う
5	理念・行動指針を職場単位で具体的にどう実践するか話し合う
6	理念・行動指針の意味するところの解説書を作り全社員に配布する
7	行動指針の１項目ずつ３か月単位の強化月間をつくる
8	管理職へ実施項目を定め配布する
9	パソコンのトップページに企業理念を表示する
10	ヘルメットに行動指針のシールを貼付する
11	事務員さん、本社スタッフの現場とのふれあいの場をつくる
12	業務評定の項目に取り入れる
13	唱和担当の変更（交代で担当する）
14	月１回は会議時に良い事例を発信する
15	理念・行動指針に沿って行動している優良職場を表彰する
16	個人表彰を行う

を記憶しただけにすぎません。

彼らの一つひとつの〝行為・行動〟の中に理念や行動指針が示されているようになって初めて、浸透したということができます。

企業理念が浸透するということは、もう一つの角度から語ると、理念に添った社風が形成されているということでもあります。「創造・挑戦」といったキーワードが盛り込まれている企業の社員たちが常に「創造し挑戦する行為・行動」を行い、それらが定着した時に初めて、創造的で挑戦的な社風・風土が出来上がったというものです。

理念浸透の具体策（各社のケースに学ぶ）

２０５頁の図は某企業の理念浸透計画を表したものであります。

表にあるよう、企業理念を「額に入れ各部屋に掲げる」とか「毎朝職場単位で唱和する」とか「会議の前などでは読みあげる」といった内容は、多くの企業でも行われています。

ここでは特に「理念の解釈ミーティング」について、詳しく紹介しておきましょう。

これは理念のキーワード一つひとつに関して翻訳し解釈していこうというものです。

２０７頁の図に紹介されているものは、企業の理念解釈ミーティングのワークシートです。

この企業のケースを見ると「独自の創造力で常に技術を耕し」とあります。独自の創造力とはどういう意味か？　であるとか「常に技術を耕し」というのはどういう意味か？　というように、一つひとつの内容の翻訳解釈をしていくというものです。

これはまず個人で考えた後、グループで話し合って、結論を導き出していきます。

行動指針に関しても「私たちは顧客の立場になって自ら考え素早く行動します」とは、どのようにとらえたらいいか考え、そしてメンバー相互に意見を出し合い、語らいます。

「一人ひとりの持ち前を活かしチームワークでやり遂げます」に関してはどうとらえた

私たちは、独自の創造力 で 常に技術を耕し、

- この会社でしかできないもの
- 新しいものを作るための創造力
- 今までの経験から築いてきたものを元に作り上げるもの
- 他社より抜きん出た飯野ブランドオリジナル
- 他社には真似のできない
- 既成概念を取り払った

- 温故知新（チャージ）
- ノンストップで走り続ける
- 継続的に
- 昨日より今日
- 開発するチャンス
- 上を目指し、努力し続ける
- 技術／知識を高める
- 現状を分析して効率よく

心をこめた “ものづくり” を通して

- 思いやり
- 感謝を忘れない
- 相手の立場に立てる心
- 愛情を持って大事にする心
- 誇りを胸に

- 一つひとつ大事に作品を作り上げる
- 付加価値のある製品、働きやすい会社、助け合える社員

お客様 の 未来に貢献 します

- 飯野製作所に関わる全ての人（パートさん、社員含む）
- 事務所から見た、工場
- 総務から見た、飯野製作所で働く全ての人
- 経理から見た、課長職以上の経営幹部など

- チャレンジ
- これから先の未来が幸せになるように
- 後戻りはしない

＜行動指針を考える＞

職場名

氏名

以下の「行動指針」それぞれを、あなたはどのように解釈しますか。

あなたなりの想いや翻訳の仕方で記入して下さい。

一、私たちは、お客様の立場になって自ら考え〝素早く〟行動します。

一、私たちは、一人ひとりの〝もちまえ〟を活かし、チームワークでやり遂げます。

一、私たちは、情熱を持って〝自ら工夫〟し、改善・改革に挑戦します。

一、私たちは、明るさと思いやりを持って、〝感謝の心〟でつくします。

らいいのか、一つひとつの意味を解釈していくのです。こうした職場のメンバーで語り合うプロセスを通して、内容を単に「頭に入れる」だけでなく「胸に落とし」「肚にまで落とし込んで」内面化しようというものであります。

手順としては、まずはメンバーを五、六人ずつのチームに分けます。

例えば十五人の職場であれば、職場メンバーをランダムに編成して、五、六人ずつの三チームを作ることです。

解釈ミーティングの手順としては、①まずは個人で十分ぐらいその意味解釈を行ってから話し合いに入ります。前もって各人が解釈を記入して持参するというように、宿題を出してそれをもとにグループワークに挑んでも良いでしょう。

②個人の解釈内容を職場のメンバーが順に一人ひとり発表します。それぞれの項目について自分自身は「どんな考え方をし、どうとらえたか」を発表し合い、相互に理解し受け止め合うというプロセスです。③全員が発表し終わったら今度はチームで話し合って自職場なりの解釈書を作り上げていきます。例えば「お客さまの立場に立って」とは我が「職場の場合はどういう意味を持つか」とか、「素早い行動とはここの職場にとっては具体的にどんな時どのように行ったらいいか」を話し合っていくものであります。

④チームとしての結論が出ると、今度は（五名ずつ三チームに分かれた場合）各チームが発表し合ってそれをめぐって全体で語り合うというプロセスを辿ります。

これらについては、必ずしも正解があるというものではありません。しかし、こうした理念解釈のミーティングを重ねることによって、一人ひとり企業理念や行動指針に対する受け止め方の深さが出てきて、そして幅が出てくるというものです。

企業理念や行動指針を掲げたり読み上げたりしている企業は割合多いのですが、ここに紹介したような「解釈翻訳ミーティング」を徹底して行っている職場は、少ないのではないでしょうか。

企業理念の解釈に関しては、経営者が自分の考え方を一方的に述べる場合もありますが、それはそれなりに効果がないわけではありません。

しかし、ここに紹介したように、自分たちで「自らの考えを持って」「自らが解釈し」その項目に対しての「自らの考え方」として深めていくというプロセスをとるほうが、トップダウンの理念解釈（押しつけ）よりは、各人が行動に移して行く上で効果があるというものです。

す。

職場ごとの実行計画作り

これは「企業理念をどう職場で実践していったらいいのか」実行計画を語り合うものです。

この活動は理念の翻訳ミーティングと同時に行う場合が多いものです。

例えば「明るさと優しさを持って感謝の心で行動します」といった行動指針がある場合、自分たちの職場においては、どの場面でどのようにして実践していくか、具体的に職場における行動のルールや規範を作っていきます。

また、理念を基にして、一人ひとりの六か月の「行動課題」「行動計画」を立てるところまで落とし込む方法もあります。

例えば、営業マンの場合、自社企業の理念に基づいて自分自身はこれから三か月間または六か月間どう行動するか、具体的なアクションプランを作成していくものです。

例えば、行動指針が四項目ある場合、一項目を三か月間ずつ〝重点実施期間〟として設定します。つまりこの三か月間、「自分はどのように行動するか」を設定して、それを上司に提出し、実際にそれに基づいて活動し成果を上げていくというものです。

こうした手順を踏んで、実際に成果を上げた場合は「人事考課に反映される」という方

<理念・行動指針 実行ミーティング>

ステップ1

企業理念・行動指針をこの職場ではどう実践すべきか、まず個人で考える（10分）一人ひとりが事前に考え、メモして集まればなお良い）

個人個人が自分の職場では、企業理念・行動指針に沿った活動をするため、具体的にどうしたらよいか考え、3～4項目メモします。

ステップ2

企業理念と行動指針を各職場でどのように行動につなげるか、話し合う（60分）

企業理念について、自分たちの職場ではどのようなことに心がけ、どのように行動すべきか、具体的に話し合って決めます（箇条書きで3～4項目）。

ステップ3

各職場として受け止めた活動の指針や方策を元に、それぞれの行動目標を決める（20分）

職場でやろうと決めた指針や方策を元に、一人ひとりが自分の仕事や職場生活の中で、どのように行動するか、行動目標を決めます。

ステップ4

一人ひとりの行動目標を発表し、実行への決意を表明し、企業理念と行動指針を行動に表していくことを誓う（20～30分）

一人ひとりが順番に皆の前に出て、企業理念や行動指針に沿ってどう行動するか決意を発表し、必ず行動し、身につけていくことを誓います。
（時間がない場合は、それぞれのワークシートを貼り出し、皆で閲覧し合ってください）。

式をとっている企業のほうが理念が実践的に定着していく確率は高いようです。人事考課の項目の中に理念を意識させるために〝理念を実践しその成果を上げた〟のならば、そのことを高く評価する企業のほうが、社風が固まっていくのです。

理念や行動指針を実行に移すための方法や手順については、さまざまな方法が考えられますが、212頁の図は某企業が『全社ミーティング』として全国一斉（同じ日の同じ時間帯に全国一斉に話し合い、まとめの結果発表はZoomで行っている）に行った方法です。この手順もなかなかユニークで参考になると思われますので、紹介しておきましょう。

コンセプトブックを創る

企業理念や行動指針の翻訳書を「コンセプトブック」という形態をとって「解釈書」なり「行動の手順」が解説されているものが、小冊子としてまとめられております。

コンセプトブックは会社での〝翻訳会議〟を得てその解釈を全社分まとめて集約し、それらを文章化して作成していくという手順を踏んでいきましょう。そのほうが、社員参加型の作成ということとなり、より深く幅の広い解説書として出来上がります。

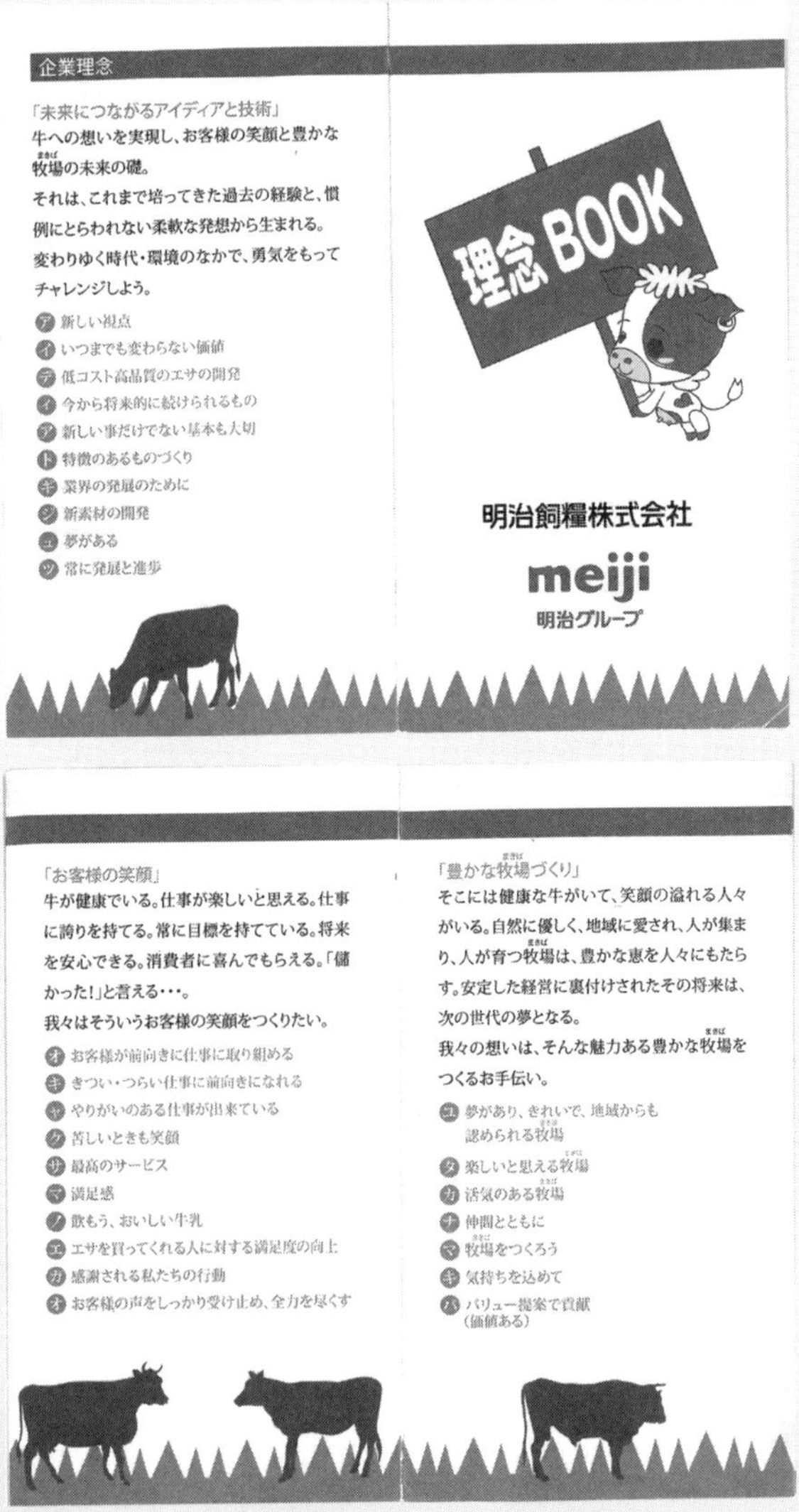
企業理念

「未来につながるアイディアと技術」
牛への想いを実現し、お客様の笑顔と豊かな牧場《まきば》の未来の礎。
それは、これまで培ってきた過去の経験と、慣例にとらわれない柔軟な発想から生まれる。
変わりゆく時代・環境のなかで、勇気をもってチャレンジしよう。

- ア 新しい視点
- イ いつまでも変わらない価値
- デ 低コスト高品質のエサの開発
- イ 今から将来的に続けられるもの
- ア 新しい事だけでない基本も大切
- ト 特徴のあるものづくり
- キ 業界の発展のために
- ジ 新素材の開発
- ュ 夢がある
- ツ 常に発展と進歩

理念BOOK

明治飼糧株式会社

meiji
明治グループ

「お客様の笑顔」

牛が健康でいる。仕事が楽しいと思える。仕事に誇りを持てる。常に目標を持てている。将来を安心できる。消費者に喜んでもらえる。「儲かった!」と言える・・・。

我々はそういうお客様の笑顔をつくりたい。

- オ お客様が前向きに仕事に取り組める
- キ きつい・つらい仕事に前向きになれる
- ャ やりがいのある仕事が出来ている
- ク 苦しいときも笑顔
- サ 最高のサービス
- マ 満足感
- ノ 飲もう、おいしい牛乳
- エ エサを買ってくれる人に対する満足度の向上
- カ 感謝される私たちの行動
- オ お客様の声をしっかり受け止め、全力を尽くす

「豊かな牧場《まきば》づくり」

そこには健康な牛がいて、笑顔の溢れる人々がいる。自然に優しく、地域に愛され、人が集まり、人が育つ牧場《まきば》は、豊かな恵を人々にもたらす。安定した経営に裏付けされたその将来は、次の世代の夢となる。

我々の想いは、そんな魅力ある豊かな牧場《まきば》をつくるお手伝い。

- ユ 夢があり、きれいで、地域からも認められる牧場《まきば》
- タ 楽しいと思える牧場
- カ 活気のある牧場《まきば》
- ナ 仲間とともに
- マ 牧場《まきば》をつくろう
- キ 気持ちを込めて
- ハ バリュー提案で貢献（価値ある）

明治飼糧のコンセプトブック

「私の行動」振り返りチェックノート

年　　月　　日

職場名＿＿＿＿＿＿＿＿＿＿＿＿

氏名＿＿＿＿＿＿＿＿＿＿＿＿

	全く違う	違う	どちらとも言えない	その通り	全くその通り
① ＿＿＿の工場の人や次工程の人のことを考えながら作業していますか？	1	2	3	4	5
②「相手はどうやったら喜んでくれるであろう」とお客様の視点を常に持って仕事をしていますか？	1	2	3	4	5
③ 上司や他人まかせでなく、自分で工夫するようにやっていますか？	1	2	3	4	5
④ 大きな改善ばかりを考えるだけでなく、ちょっとした工夫を続けるように努力していますか？	1	2	3	4	5
⑤ 考えてばかりでなく、良いアイデアが出たらすぐに（お試し的）実行していますか？	1	2	3	4	5
⑥ みんなで考えたことは、スピーディーに行動に移していますか？	1	2	3	4	5
⑦ 一人ひとりの持つ、個性や持ち味、良い点、強みを探り出すようにしていますか？	1	2	3	4	5
⑧ それぞれの持つ特徴や能力が十分に発揮できるように働きかけたり、場を作ったりしていますか？	1	2	3	4	5

（一部分）

重点期間を設け浸透していく方法

行動指針が四項目設定されている場合、三か月単位で重点期間を設けて浸透する方式をとりましょう。そのほうが私の指導経験からすると効果が上がります。

例えば、四月からスタートし、六月までの三か月間に期間を絞って、一項目を胸にワッペンをしたり、ポスターを貼り出すなどして重点的に実施します。そして第二項目を七月から九月とやはり三か月間、重点的に行い、最後の項目は一月から三月までというように三か月単位で行動指針を重点的に実践していく形をとるわけです。すべての項目をおしなべて頑張れというより、「この三か月はこの項目を重点的にやってみよう」というような盛り上げ方のほうが、全社的に濃い行動となって成果を上げる率が高いというわけです。

理念や行動指針に沿って成果を上げている職場を「優良職場として表彰」したり、全員の前で称えたりしている企業も数多くあります。

単に「行動指針の通りに行いなさい」という掛け声だけでなく、実際に行動指針に従って実践して、新しい社風や企業文化が形成されて成果を上げた職場があれば、その職場を高く評価し賞賛していくことが大切です。

「行動指針の実践によってお客様から高い評価が生まれた」というようなことがあれば、

その職場職場に対しては表彰状を出すとか金一封授与などという形で表したり、モデル職場に設定することが、新たなる風土・文化を形成する上では大切なのです。

次に理念、行動指針に関するチェックリストを紹介しておきましょう。２１５頁の図のケースには行動指針一項目ごとに三行ずつのチェック項目を掲げております。これを三か月ごとに社員全員が自己チェックをして上司に提出し、上司もマネジメント側の立場から理念行動指針の実施状況をチェック評価します。こういう形で個人個人の行動指針実践上の評価点を人事考課に生かしている企業は、理念が根づいていっているのです。

理念を実践した成果の体験発表を行う

理念や行動指針を実践した体験を発表しあっている職場があります。

具体的には毎日朝礼や終礼の時、または月曜日の朝礼の時などに自分がこの一週間の理念や行動指針を「このように実践」して「こんな成果が出た」「こういう行動をとったらお客様からこう喜ばれた」などを全員の前で順番に発表するという方式です。これによって、他メンバーの行動指針の実行行動から相互に学ぶものもあります。

また、自分が努力した結果を全員の前で発表することでその達成感を味わえます。皆に認められ「すごいね～」と褒められることで、承認の欲求が満たされるというわけです。彼らは「来週は自分が発表する順番が回ってくる！」となると、今週は特に行動指針を実践し発表できるような成果を出そうとして、一生懸命努力しようとします。

そうした行動の繰り返しによって、自然とそのことが身についていくというわけです。全社的にも理念実践の優秀社員や優良職場の発表の機会を設け、相互に刺激し合うことによって、行動指針に基づいて行動しようという社風が根づいていくのです。

理念を身につけさせるための管理者の働きかけ

220頁の図にありますように、理念行動指針を浸透して職場メンバー一人ひとり身につけさせるために、「管理者が行うべき数か条」の実施事項を定めている企業があります。例えば表を見てみると、第一項目は「管理者が打ち出すすべての方針や方策の中にはすべて理念行動指針に基づいて発想せよ」とされています。

そして第二に「理念行動指針を一つの基準にして意思決定を行いなさい」とされており、三つめは「部下を叱る時も褒める時も行動指針に基づいて行いなさい」です。つまり管理者個人の感情や価値観ではなく、行動指針の中にある価値感や行動指針に示されている方向性に基づいて行いなさいということを明示しています。

そして「部下指導であるとか部下の人間形成に関しても理念や行動指針をもとにしていこう」ということです。例えば「技術を耕しなさい」また「もの作りをする場合は一つひとつに心を込めて行いなさい」というようなことを繰り返し言うことによって、部下はそうした意識を身につけていきます。

「管理者が行う全てのスピーチや日常の会話の中にあっても、行動指針の中にあるキーワードを多く使用しましょう」ということです。

また、「管理者が発信するメールや文章の中にも理念行動指針の中にあるキーワードを散りばめて文を作るようにしなさい」というわけです。

ディズニーランドで有名な Walt Disney は株主に出す年次報告書の中でさえ「夢とか楽しみ」「興奮、喜び」「想像力」「魔法」といった言葉が散りばめられていると聞いています。

つまり「管理者は誰よりも企業理念や行動指針を信仰して、自分自身が理念の宣教師にならなくてはいけない」というわけです。

理念・行動指針を浸透して、一人ひとりの身につけさせるために

管理者・リーダーの順守すべき七ヶ条

一、すべての方針・方策を考える時、企業理念・行動指針に基づき発想して下さい。

二、あらゆることを決定する際、企業理念・行動指針を基準にして行って下さい。

三、部下を褒める時、叱る時は、行動指針に照らして行って下さい。

四、部下指導、人間形成に関しても、企業理念・行動指針を元にして行って下さい。

五、会議・朝礼など、あらゆるスピーチや日常会話の中で、理念や行動指針の中にあるキーワードを使用して下さい。

六、あなたが出す、あらゆる文章・メール中に、理念・行動指針の中にあるキーワードをちりばめ、文章作成を行ってください。

七、識よりも理念と行動指針を信仰し、あなた自身が理念の宣教師になって行動して下さい。

【企業理念・行動指針のキーワード例】

ベストパートナー・未来・未来につながるアイデア・技術

アイデアと技術で・お客様の笑顔・貢献する

お客様・寄り添い・熱意をもって・スピーディーに行動・高い向上心

自ら考え行動・新しい価値・価値の創造・チャレンジ・創造にチャレンジ

あらゆるシーン・語り合い・一体感のある・活き活きした職場・職場つくり

地域社会・自然環境・気を配り・思いやりの心・思いやりの心で尽くす

第7章
企業の強味を活かす「コア・コンピタンス戦略」

コア・コンピタンス戦略をとる

コア・コンピタンスとは何か

コア・コンピタンスは「中核的競争能力」と訳されています。一般的な定義としては、『企業が持っている固有の技術やスキルを総和した能力で、他社と競争していく上で核となっている差別化力のこと』を指します。この力は製品やサービスのお客さまへの利便性を高める力の源となっているもので、他社には真似ができないものを指します。

コア・コンピタンスは競合他社との違いがはっきりしていることが大切です。

差別化できる核となる能力が競争の源となりますので、どこの会社でも持っているような能力は「コア」とは言えないのです。技術レベルが格段に優れていて、競争力を持てるものでないといけません。

また、コア・コンピタンスはお客さまにとって価値ある「利便性」がなくてはなりません。利便性をお客さまに認めてもらうためには、技術やスキルの価値を高めていかなければなりません。そしてその価値をお客さまが認めてくれるようになった時、はじめて顧客利便性が広く受け入れられたと言うことができます。

木の根が成長を支える

企業を大きな木にたとえてみると、幹や大きな枝にあたるのは「コア製品」と呼ばれるものです。いくつもの事業に共通する基盤技術能力を示しています。

小枝は個々の事業単位になります。葉、花、果実など枝先にあるのが、最終製品というわけです。植物の成長や生命維持には欠かせない、養分を補給したり安定をもたらす根にあたるのがコア・コンピタンスであると、ここでは説明しておき

コア・コンピタンスは大樹の根にあたる

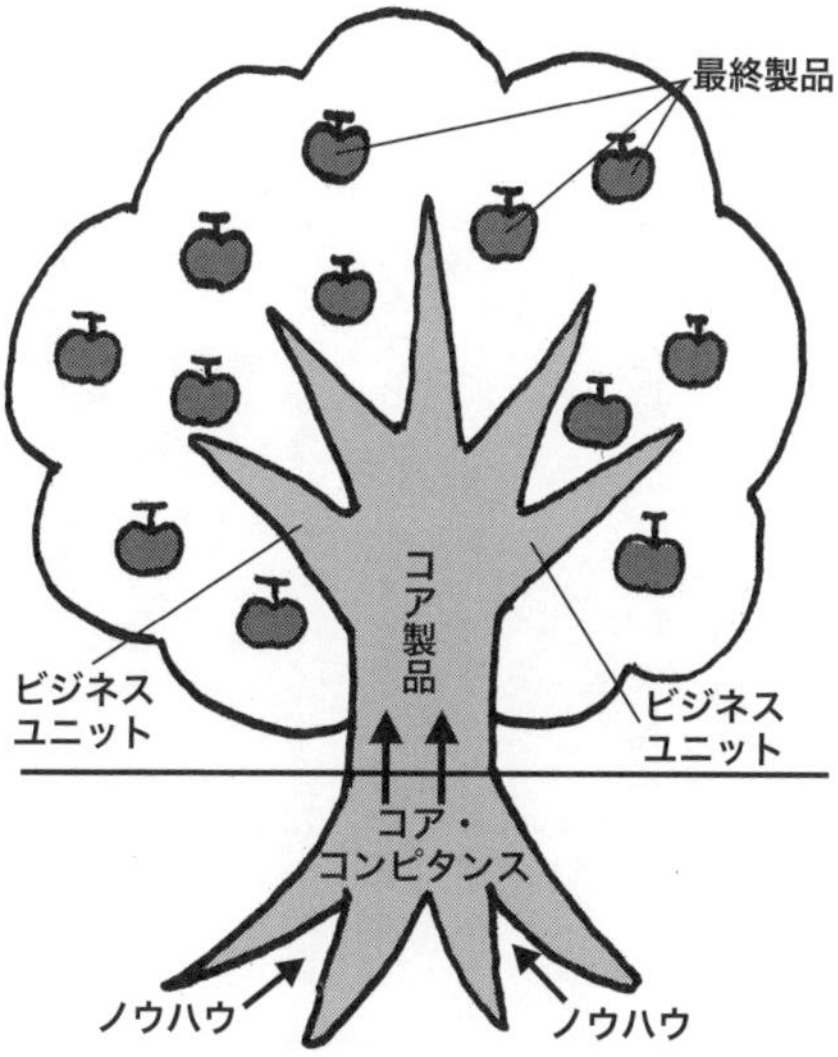

ます。

コア・コンピタンスは、今まで会社が積み重ねてきたスキル技術の統合と言って、良いでしょう。コア・コンピタンスは、いくつかのスキルや技術の統合によって作り出される、顧客利益を生み出す力のことです。

例えば、クロネコヤマトの持つ宅配便のパッケージ経路や集配というコア・コンピタンスは、バーコード技術や無線通信、ネットワーク管理、線形計画などいくつかのスキルを統合したものです。

要するにコア・コンピタンスは
ⓐ最終製品を作る上ではなくてはならない技術です。
ⓑサービス業の場合であれば、その事業を遂行するうえで必要不可欠の付加価値を付けているスキルやテクノロジーの集合体であります。
ⓒこれらの商品化（サービス化）能力はどの企業にとっても、他社の追随を許さないナンバー・ワン企業になるための基盤となる中核的競争能力なのです。

各社のコア・コンピタンスに学ぶ

誰もが理解できるコア・コンピタンスの有名な事例を紹介しよう。
ホンダはエンジンがコアとなって、オートバイや自動車、そしてモーターボートばかりか発電機、ポンプのエンジンにまで優れたエンジン技術が活かされていきました。

ソニーは長い間、小型化する技術を追求していました。トランジスタからウォークマン、カメラ、ビデオ、携帯電話など、小型化にこだわってきた歴史があります。ソニーのある社員が上司に完成品を持っていくとバケツの中にポチャンと入れ、出てくる空気の量を見て「まだまだ隙間がだいぶある、もっと隙間を埋めて小さくせよ」と指摘されたという話を聞きました。小型化にこだわり続けた逸話です。

シャープの液晶の技術は昔から有名で、それがテレビや携帯の画面、計算機、時計、カーナビなど、さまざまな製品に展開されていきました。

セブン&アイはセブンイレブンとイトーヨーカ堂を合わせた購買量を背景にした大きな購買力や仕入れ力があると言われています。またレジ打ちした時のＰＯＳなどを有効活用した顧客ニーズへの対応力、そして充実した店舗網があると言われています。

ワコールに目をやると、女性の下着業界という希少性の高い分野に特化した商品開発をしてきています。女性の関心を引く下着なので、製品の価値を宣伝するチャネルも徹底して女性向けに絞り込みを行ってきているのです。これにより、独自の販売方法を生み出すことになった一貫性ある企業の姿勢が生まれました。

ユニ・チャームが強かったのは、変量多品種生産体制を背景として実現している、敏速で柔軟性を備えた新製品開発力であるとされていました。

ヤマト運輸は宅急便を可能にしている荷物追跡情報システムがしっかり確立していることは有名であり、今でもお客さまにとっては安心してクロネコさんにお願いできるものとなっています。

コア・コンピタンスであるための条件

まずは顧客価値の視座から見てみましょう。つまり、自社の強味が顧客を喜ばせ、商品・サービスに付加価値を与えているかどうかということです。

コア・コンピタンスは、顧客に認められる価値を何よりも高めなければなりません。

コア・コンピタンスは、いくつかのスキルの集合であり、それらがあればこそ顧客に便益を提供することができるものであることです。

コア・コンピタンスのチェック項目

① この商品・サービスの価値は何か

②お客さまは、どんな便益に対して対価としてのお金を払うのか
③なぜ顧客は、この製品・サービスには余計にお金を払おうとするのか
④顧客にとってどの価値が最も重要で、価格の決め手となっているのだろうか
これらのことを分析することによって、他社にはない価値をお客さまに提供できるコア・コンピタンスに力を集中していくことができます。

競合他社との違いをはっきりと打ち出す

自社の能力が他社に比べて数段優れていなければ、コア・コンピタンスにはなりません。他社が参入しようとした時、その技術やスキルで他社との違いをはっきり打ち出せることが何よりも大切です。例えば宅配事業に参入することを例にとると、礼儀正しい運転手が必要ではありますが、運転手の態度や運転能力は他社にすぐ真似られてしまい、大きく差異化することはできません。もしできたとしても、すぐに追いつかれてしまいます。したがってこれは、コア・コンピタンスではないわけです。

コア・コンピタンスになり得るかどうかを判断するために、競合他社とのレベル水準をしっかりと比較して考えてみる必要があります。

コア・コンピタンスを発掘する

自社のコア・コンピタンスを発掘していく方法・手順についてそのポイントを以下に紹介していきましょう。

ステップ1　強味の洗い出し

自社の強味になっている要素を全て書き出してみます。例えば以下のような点を例記していってみます。

①技術	⑥人材
②能力	⑦社風・風土
③特性	⑧ノウハウ
④製品	⑨ブランド
⑤サービス	⑩人脈

強味の洗い出しは、「競合他社の技術や特性、製品などと比較して優位性を保っていると考えられるもの」に絞って挙げていくことが大切です。

ステップ２　強味の評価

ⓐ顧客に価値をもたらすか

自社の強味リストを確認して、その強味が製品やサービスに付加価値を与えるものになっているか、また顧客を満足させられるものかをチェックします。

その場合、大切なのは、顧客の立場に立った視座から見て、その強味が利益や満足を与えられているかどうかです。そうでなければ、単に自己満足にすぎません。

お客さまから「御社の製品は他社に代えがたい」「御社の技術のおかげで我が社も新しい世界が開けた」といった声が聞こえるようになると、コア・コンピタンスである可能性は高いわけです。

ⓑ競合他社に真似されにくいか

日頃から業界や競合他社の様子をよく調べておく必要があります。簡単に真似されて、コピーされてしまっては、自社の強味も競争力を失ってしまいます。

ⓒ応用力が利くか

幅広い業界に応用が利くかどうかチェックしてみましょう。

数多くの製品に応用することができるのかどうかも確認してみましょう。

さまざまなビジネスモデルなどに応用できるかも考えてみましょう。
技術革新のサイクルのスピードが早い中で、時には今まで築いてきた強味でさえも時代遅れになってしまうかもしれません。製品が古くなってしまい近未来に需要がなくなってしまった時の対応策も考えておくべきでしょう。

5つの視点でチェックする

- □ **他社に真似される**可能性が無いか
- □ 他製品や技術に**活用**できるものか
- □ 他製品に**代え難い**か
- □ **貴重で珍しいもの**であるか
- □ 長期的に競争**優位性が保てる**か

ステップ3　絞り込み

「洗い出し」と「強味の評価」をしたならば、そこには自社のコア・コンピタンスになる可能性が高いものが見えてきます。

次に、リストに残ったものの中から、将来にわたってコア・コンピタンスとして育成し、進化させていきたい力について考えてみます。

顧客に満足や喜びを与えられるものかどうか、そして市場や業界でも動かせるような汎用性の高いものかどうか考えてみましょう。

また、将来的に考えて他社に真似されるリスクはないかの視点も考えておくことが大切です。

このように、自社の中核となるコア・コンピタンスを数個に絞りこんでいきます。自社の将来や未来を思い描きながら、進めていくと楽しいものです。

コア・コンピタンスの数はいくつが適切か

コア・コンピタンスをピックアップしようとした時、十五から二十項目以上もの候補が出てしまうケースに出くわします。そんな場合はコア・コンピタンスというよりは、コア・コンピタンスを構成するスキルや技術をリスト化していることが多いものです。

逆に一つか二つしか候補があがらないとすれば、コア・コンピタンスのまとめ方が広すぎると思います。コア・コンピタンスはせいぜい四から七くらいが出てくれれば、上手にまとまっていると経験上、考えられます。

コア・コンピタンスは統合的なものであり、各人や各組織の過去の経験から得られるものです。特に知識など組織内における個人個人が持っていて、表にはなかなか表れにくい知識やノウハウ（暗黙知）などから構成されていることが多いものです。

それに対してスキルやテクノロジーは、個々に独立した技術であって、会社の長い歴史で培われた知識やノウハウ（形式知）から構成されている倫理的なものといわれています。

コア・コンピタンスであるかを検証する

コア・コンピタンスであるものかどうか確認するために、次の四項目をチェックしてみましょう。

コア・コンピタンスチェックリスト

一、その能力は、製品の機能性、製品の完璧さ、自社のサービス能力などを完成させるために、他には類を見ないような貢献をするものか？

二、ハードおよびソフト・テクノロジーが複雑に合体されて生まれた能力であるか？

三、その能力は、他社ではあまり保有されておらず、容易に真似できないものであるか？
四、その能力は、将来にわたり永続的に事業機会を伸ばしていけるものであるかどうか？

コア・コンピタンスを見極める五つの視点

今まで述べてきたものを整理チェックするために、再度見極めのポイントを整理しておきましょう。

一、模倣可能性はどうか

他社にすぐ真似られてしまうような模倣の可能性が低いことが大切です。また、他社がその分野でそう簡単に追いつくことはできないものであり、他社の追随を許さない高度の技術や精巧な製品でなくてはなりません。

二、移動可能性はどうか

一つの技術をもって多くの製品や各方面の分野に応用が可能であることが大切です。一種類の製品や分野に限られてしまうと、それはコア・コンピタンスではありません。例えばシャープの液晶がテレビ画面だけでなく、カーナビやパソコン、スマホ等に写真を綺麗に映し出したように、幅広い展開が期待できるようにするのです。

過去のケースを見ると、ホンダのエンジンは車だけでなく、耕運機、発電機、水道のポンプまで展開されていました。

三、代替可能性についてはどうか

自社の強味である技術や能力、製品を別のものに置き換えることができないことです。自社の強味である技術を唯一無二の存在にしてしまうことです。他のどんなものにも代えられないユニークさやオリジナリティ、技術力のあるコア・コンピタンスを持ってしまうと、確実にその分野で独占的なシェアを獲得できるようになります。

四、希少性があるかどうか

技術や特性が珍しいかどうかが大切です。要するに、希少価値がその技術や特性に存在していることが何よりも必要になります。先に述べた代替可能性や模倣可能性がなければ、希少性もあると言えましょう。

五、耐久性はどうか

短期間で強味が消えてしまうことがないよう、長期にわたって他社の追随を許さない競争的優位性を保つことが大切です。

例えば、ＩＴ技術は日進月歩で、耐久性を保持し続けるのは難しいと思います。そういうＩＴ技術ではなく、会社のブランド価値や名声などが一度しっかり形成できると、いつまでも耐久性は続くと言って良いでしょう。

コア・コンピタンスを再チェックする

要するに、コア・コンピタンスとは、

□競合他社を**圧倒的に上回る**レベル能力であるかチェック

□競合他社に**真似できない核**となる能力であるかチェック

□顧客に**特定の利益をもたらす**技術、スキル、ノウハウの集合体であるかチェック

□顧客に対して他社が真似できない**自社ならではの価値**を提供する企業の中核的な力になっているかチェック

三つの条件を満たす自社能力

□顧客に何らかの**利益をもたらす**能力のチェック

□競合相手に**真似されにくい**自社能力のチェック

□**複数の商品・市場に推進**できる自社能力のチェック

社員との共有化のチェック

□**社員全員**が自社のコア・コンピタンスを**同じように説明**できますか

□自社の力の中のスキルに関して社員全員が**共通な理解**を持っていますか

□コア・コンピタンスが何か**経営に貢献している核**となっているものは何かをメンバーははっきりと説明することができますか

□コア・コンピタンスとなりうる、自社の経営資源を発掘し明確にして書き出すなど、

社内の誰もが確認できるようにしてありますか

今こそ得意分野に集中していく時

競争に勝ち抜く条件をたった一つ挙げよと言われたら、「自社ならではの技術的なこだわりを持てる分野に特化させている」点を挙げます。一方、競争力で劣っていると考えられる分野からは、いずれ撤退していくことも大切です。

自社の得意分野をしっかりと選択し、その分野に自社の経営資源と企業努力を集中させていくことが何よりも大切です。

コア・コンピタンスは、企業にとっては利益を生み出す〝エンジンの役割〟を果たすはずです。

これからの競争は「コア・コンピタンスの獲得をめぐる競争」になっていくと言っても、良

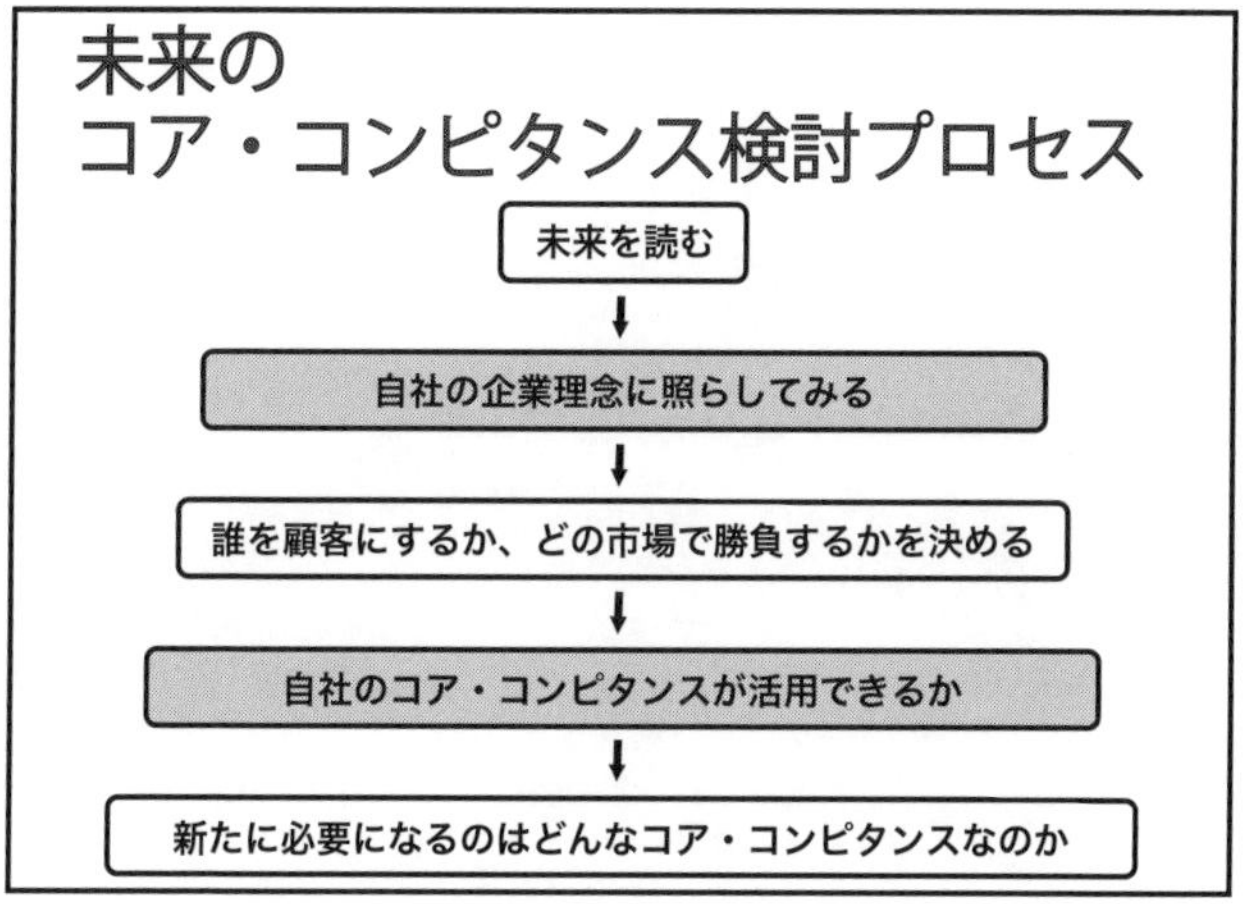
未来の
コア・コンピタンス検討プロセス
未来を読む
自社の企業理念に照らしてみる
誰を顧客にするか、どの市場で勝負するかを決める
自社のコア・コンピタンスが活用できるか
新たに必要になるのはどんなコア・コンピタンスなのか

いでしょう。コア・コンピタンスを確立できる得意分野に自社の経営資源を集める、「集中戦略」を実践していきたいものです。

第8章

人と組織を動かす「働きかけ」五つの法

行動変容を促すために働きかけの手法に変化をつける

企業や職場にとって、望ましい方向が定まり、そちらに向けて変革・改善活動を推し進めようとしても、個人や集団がそこに向けて行動しなくては何にもなりません。

相手の行動変容を促すために、ただひたすら説得するという方法を繰り返すリーダーを多く見受けます。しかし、説得し命令を下せば、相手が理解・納得し行動するというわけではありません。

そこにある問題や相手を取り巻く状況によって働きかけのやり方を変えていかねばなりません。ここではどんな問題があり、相手が「どういう状況の時」「どのような働きかけ」を「どんなステップで」「どんな点に注意して」進めたらいいか、一つの方式を行動科学的に解説していきたいと思います。

行動変容を促す五つの働きかけ

個人や組織集団の行動変容を促す働きかけには、次の五つがあります。「処方箋方式」「理論モデル方式」「受容方式」「触媒方式」、そして最後に「対決方式」があります。

最初に、これらはどんな方式であるか、そのポイントだけを紹介しておきましょう。

「処方箋方式」は、相手が行きづまり、希望を失ったり打つ手がわからない状態になっている時に有効であり、具体的な手段や方法を示して行動を促し、今の状況を改善させていく方法です。

「理論／原理方式」は、相手が理論や原理に基づいてシステマチックに自分の問題に対処し、解決することができるように導くやり方です。それにより、将来同じような問題に出くわした時も効率的に取り組んでいけるように教え導いていけるようになります。

「受容方式」は、カウンセリングなどで一般的に使われている方式で、相手のモヤモヤやイライラ、そしてまた精神的緊張を和らげ、それによって心をスッキリさせ、前向きな発想や行動を妨げてきた障害を取り除いてあげるやり方です。

「触媒方式」は近年、注目されている方式です。この方式は相手が自己を取り巻く事実やデータと接することで、自己を見直し行動変容する援助を行い、状況の正しい確認ができるようにして、表面的な対応策ではなく根本的対策がとれるようにしてあげます。

「対決方式」は、相手が自分自身の考え方・価値観やそれに基づく言動によって、さまざまな問題を生じさせる場合、そうした相手の考え方やあり方に原因があると気づかせることによって問題を解決できるようにしてあげるやり方です。

状況と働きかけ方式

これらの五つの方式は、どのような状況の時にどの働きかけが有効なのかをポイントを示しておきましょう。

「処方箋方式」（回答提示）は、相手がお手上げな状況、または困り果てた状態になっていて、行動を起こせず行き詰っている時に有効です。

「理論／原理方式」（洞察力向上）は、理論的、科学的な問題解決のやり方に転換していこうとする気持ちや心構えがある時に、効果があります。

「受容方式」（感情解放）は、相手の閉じ込められている感情が、思考や行動を阻害していて、必要とされる行動がとれず持ち前の能力が十分に発揮されていない時に、有効です。

「触媒方式」（認識強化）は、個人や集団がコミュニケーションの不足等により、真の実態把握ができず、効果性を発揮できなくなっている場合に、効き目があります。

「対決方式」（価値観の明確化）は、自己の価値観（隠されていることが多い）に基づくさまざまな行動が望ましくない結果を生じさせている時に有効ですが、本人やその組織が共有している価値観に迫るのは、なかなか難しい面があります。

（『コンサルテーションの科学』ロバート・R・ブレーク&ジェーン・S・ムートン共著
田中敏夫監訳　産能大出版を参考に作成）

一、処方箋方式

この方式は、ある状況を改善・改革しようとした時、具体的にやり方を示すというものです。日常、多くの上司やコンサルタントが行っています。

まるで医者のように問題の症状を治す処方箋を具体的に示してあげること、つまり解答を示してやるという方法です。場合によっては自分自身が自ら行動し、やってあげるというもので、率先垂範型の上司が好んで行います。

これらのやり方も正しいステップを踏んで行うことが大切です。

①まずはその人間や組織集団の実態をつかむために、事実情報を収集することから始めます。②次にその結果を分析検討して相手にどう伝えるか考え、③自分の見方を伝えます。医者が「あなたは胃炎です」と明確に診断結果を示すように伝えるのです。④そしてそれを改善するための実施すべき解決策を教えてあげるという流れです。

二、理論、モデル方式

これは相手がより望ましいやり方で、今の現状や将来の状況を判断し取り組みができるようになるために行います。

これは数多くある理論の中から体系的で実証済みの理論ややり方、またノウハウをもとにして身につけさせることです。

この場合、相手の抱える問題や状況に最も適した理論を示してやることが大切です。レベル的に易しくもなく、難しくもないものを提供しなくてはなりません。そしてそれを活用できるよう、身につけさせていくことです。しかし、この方式は単に説明し教えればいいというものではありません。学ばせ方があります。

そのために①まず問題を与え、本人の取り組む傾向を明らかにできるようにします。②本人の学びへの問題意識が高まったところで、理論を教えていくわけです。③それも決して一方的な教えでなく、参加させながら進めることです。④次に今の本人が抱える問題の解決に活用できるよう、能力向上の機会を重ねていきます。⑤そしてさらにこれまでの行動で排除したほうがいい行動特性を理論に照らして再検討させていくという方法がとられます。

三、受容方式

この方式は、相手が自分自身で自分の抱える問題を解決していくように導いていくことが基本です。

相手が自分や自分を取り巻く状況を客観的に見つめられるようになっていくよう、援助していくことがカギです。

話を聞きながら、自分の考えを自分でまとめられるように導いていきます。そして自分自身で自分の感情を整理するようにしてやることです。

①そのためにはまず相手が自由に考えを述べられる安心感を作らなくてはなりません。②話をよく聴いて、本人の不満やモヤモヤを出させていくわけです。③その際、たとえそれがどのようなものであっても、感情や気持ちを受けとめてあげることが何よりも大切です。④あいづちを打ったり、内容や気持ちを「〇〇ということですか」「〇〇でもう嫌になってしまったのですね」というようにフィードバックすることがこの方式の成功の鍵となっていきます。⑤そして相手の見解を引き出すようにし、気持ちを尋ね続けていくことです。

この方式は「積極的傾聴法」とも言われますが、この方式の三つの基本は全てを受け入れる「受容の精神」、そして相手の気持ちに共感し相手の立場に立って理解する「共感的理解」、本人に向き合う時は自分の心を偽らない「誠実な態度」が大切です。

四、触媒方式

相手が現在置かれている状況の中で、最も必要な行動がとれるようにしてあげることを心がけます。この時、こちら側の基本的立場は、常に相手の考え方や想いの枠組みの中ですすめていくことです。注意しなくてはならないのは、具体的にこちらから提案はしないということです。こちら側は目前にある情報でさえ要約することはするのですが、「良い」「悪い」といった自分の基準を基にした評価は、決してしません。

これは、目の前の状況や自己を取り巻く状況について、相手が良く理解されてない、とらえられないでいるということが前提であり、その原因を探ってみると、必ず以下の5つのいずれかに当てはまります。

□データ不足である
□データが入手できない状況となっている
□本人に知らされていない

□検討の仕方がわからない
□感情がからんでしまって正しく見えないでいる
などです。

①まずはデータや情報収集を手伝ってあげるところから始めます。今持っているデータを再検討させることも行います。②質問を繰り返し、情報を引き出し、現状を本人に洞察させるような促しを繰り返して行います。

③つまりこの働きかけは、問題の明確化及び再確認を支援することであり、相手側のものの見方を再検討させ、状況を良く理解させるよう導くことであり、一言で言うと「認識力を向上させる」と言って良いでしょう。

④これにより相手は、より正しい問題のとらえ方ができるようになり、よりうまく問題を取り扱うことができるというわけです。

五、対決方式

この方式の狙いは、本人に望ましい行動がとれるようにするため、今までの習慣や癖を脱皮させることです。①そのために本人と面談し話し合う中で、相手が今の状況を直視せざるを得ないような質問を次々にしていきます。②自分の客観性をテスト（実証）できるような事実や論理を次々に提示していきます。

③そして本人と率直に話し合い、不適切で妥当でない価値観に対しては、はっきりと指摘してやることが大切です。④本人のものの見方、考え方の範囲内では認識できていない現実を直視させていくことです。

⑤話を進めていく中で、状況を見ながら本人が今のまま、現在の価値観に従って行動するとどうなるか、考えさせていきます。ものの見方を偏らせている思考基準に見直しをせまるわけです。本人のあり方、考え方（生き様）に目を向けさせていくというわけです。⑥本人が気づき・受け止めていくまで働きかけの手を緩めないことです。

この方式は、本人は自分の生き方に迫られますから、自己防衛的な言動をとります。具体的には、状況を言い訳する、つまり自分の合理化であったり、自分がいかに正しいか正当化したりします。否認したり、時には反発することもあります。しかし、これは自分の価値観を守るための言動でしょうから、やむを得ないと考えるべきです。

なぜかと言うと、本人が語るタテマエとしての価値観と行動の実際の基盤となっている価値観との矛盾を相手に突きつけることになるからです。そして本人にとって今その時点で問題を生じさせている証拠や事実なども活用して、本人に突きつけることなども積極的に行いますから、やむを得ないでしょう。

以上、五つの方式について述べてきましたが、この方式は状況に応じ単独のやり方で行う場合が多いものですが、状況によってはいくつかの方式を組み合わせて行う場合もあります。例えば、最初に受容で進め、状況の変化と進化の中で触媒方式に切り替えて行うといったように、組み合わせて行っていくものです。

五つの働きかけ方式の実践

ここで今まで述べてきた方式を実践するためのマニュアルとしてまとめておきましょう。それぞれの方式が①適応する状況とねらい、②すすめ方とステップ（手順）③ポイント（留意点）④この方式の問題点として整理してあります。このマニュアルを使って何度も五つの働きかけ方式をトレーニングし、自分が使いやすいようなマニュアルとして作り上げていただきたいと思います。

一、処方箋方式

(1) 適応する状況とねらい

状況：相手が持っている現在の知識や方法では行き詰まり、方向を見失っている時

状況：今までの自分のやり方ではうまくいかずお手上げの状態で自信をなくしている時

ねらい：新しい行動を起こすための指針をあたえる

ねらい：新しい行動への自信と信念を持つようにする

(2) すすめ方

ステップ１　つかみたい項目について質問を繰り返し、情報を集め問題の核心にせまっていく

ステップ２　問題を分析判断し、こちら側の見方を相手に伝える

ステップ３　考えられる解決策を自信と権威を持って提示する（理論的な背景を含めて）

ステップ４　こちらの勧告通り、実行してもらうためのプレッシャーをかけ歯止めする

(3) ポイント（留意点）

1、こちらの勧告を受け入れてもらえるよう信頼関係を築いてから働きかける
2、相手が勧告を受けたいという状況を作ることにまずは努力する
3、勧告に対し、消極的な相手に対して時には強い態度で望む
4、また反抗を和らげる方法も準備しておく

(4) この方式の問題点

1、こちら側の指示に従う力はついても、問題解決力はつかない
2、こちらに対する依存状態ができてしまい、難問の時など、援助を求めてくる
3、病気を治すつもりが、長期的には自律性を失い悪病となる恐れがある

二、理論モデル方式

(1) 適応する状況とねらい

状況：相手の知識不足が今の状況に不具合さを生じさせている時
状況：理論を習得することによって問題を解決でき得る状況にある時
ねらい：状況を変えるのに役立つ理論を身につけさせる

ねらい：理論を駆使して問題を解決していけるように導く

(2) すすめ方

ステップ1　日常よく起きそうな問題を提示し、それへの対処法を記述させ（またはロールプレイングで語らせ）、相手の傾向をつかむ

ステップ2　問題に関連させながら講義をしテキストを与える、また実習させて理論を身につける

ステップ3　今までの自分のやり方の特徴（クセ）を理論と照らして、振り返させるようにする

ステップ4　新しい対策や行動のとり方をかためていく（実践施行もおこなってみる）

(3) ポイント（留意点）

1、抱えている問題に合わせて理論を提示する

2、習得のためにさまざまな学習方法に工夫を凝らす

3、一方的な講義でなく、参画させ、適応できるための技能の習得も図る

(4) この方式の問題点

1、状況や問題にぴったり合っており、実用性が実証された理論を提示することは難しい

2、習得し、身につき、活用できるまで時間がかかる

3、抽象的、学問的理論ではなく、問題解決に役立つ理論として教える方法が難しい

三、受容方式

(1) 適応する状況とねらい

状況：相手のモヤモヤした気持ちが阻害して、状況にマッチした行動がとれない時

状況：相手の中にある感情やこだわりが目の前にある状況をくもらせてしまい、事実をありのままに見られなくなってしまっている。

ねらい：感情から解放することにより、状況を客観的把握ができる

ねらい：冷静に問題をみつめ、自律的に解決に取り組めるようにする

(2) すすめ方

ステップ1　安心して話せる雰囲気を作り、思っていること、問題になっていることを自由に話してもらう

ステップ2　相手の立場に立って傾聴し、状況や気持ちを共感的に理解し、受容する

ステップ3　相手が言わんとしていることをそのままフィードバックし、自分の気持ちを整理できるように援助する

ステップ4　相手が抱える真の問題を自律的に解決していけることを信じて聴くことに徹する

(3) ポイント（留意点）

1、批判的、説教的な態度を捨て、寛容と理解、受容と許容の態度で望む

2、問題については干渉せず、話の内容についても賛成も反対もせず、中立を保つ

3、相手の自律性を信じ、気持ち、感情の受けとめと、そのことのフィードバックを行う

(4) この方式の問題点

1、気持ちの整理をした後、その状況を是認してしまい改善へのエネルギーに結びつかないことがある
2、第三者側も状況を容認せざるを得なくなることがある
3、相手がカタルシスを味わっても新たな行動が見い出せるとは限らない

四、触媒方式

(1) 適応する状況とねらい

状況：相手が自分をとりまく状況について、認識不足から適切な行動がとれないでいる時
状況：相手が今ある情報の整理の仕方が悪いため、見るものも見えず、効果的な活動に結びつかない時
ねらい：認識力の向上を図り、より適応行動がとれるようにする
ねらい：現状の枠組内で起こりつつある変革の速度を早める

(2) すすめ方

ステップ1　相手に状況を自由に語ってもらい、相手の考え方、想い、枠組み、関心やニーズ（したい・やりたいこと）をつかむ

ステップ2　相手のやりたいことを効果的にすすめる上で、欠けている情報は何であるか探り、どうしたら触れられるか考える

ステップ3　相手が新しい事実、データにふれたり、今ある情報を再検討していけるための援助を行う

ステップ4　相手が新しい方向に向かって自分で意思決定し、問題解決に取り組むよう支援する

(3) ポイント（留意点）

1、すべて相手の枠組み（考え方、やりたい方向）の中で行い、自分の枠組み（考え方、あり方、やり方）を押しつけない

2、データ収集の方法でさえ私案的にして具体的な提案は決定しない（親切にしても相手に代わって決定することはしない）

3、その問題を解決していくのは「自分なのだ」という気持ちと自覚を植えつける

(4) この方式の問題点

1、相手が問題であると感じている事柄に援助する範囲が限られる
2、問題の原因、本質は他にあってもまずは相手の枠組みの中で動かざるを得ない
3、第三者自身のものの見方、考え方を見失う恐れがある

五、対決方式

(1) 適応する状況とねらい

状況：相手の価値観に基づく行動が状況の中で不具合を生じている時
状況：相手が自身の行動、態度（考え方）に問題の原因があることに気づいていない
ねらい：考え方、価値観に目を向けさせ、そのことの不具合さに気づかせる
ねらい：価値観に基づく行動のもたらす影響を見つめさせる

⑵ すすめ方

ステップ1　相手を取り巻く状況や相手自身がとっている行動を直視せざるを得ない質問をする

ステップ2　本人の行動の背景にある価値観が認識できるような事実、反論、理論を示す

ステップ3　価値観が理解できたら、どのような行動をとったらいいか、相手の考えを正す

ステップ4　こちら側が第三者としての考え方（価値観）を相手に伝える

⑶ ポイント（留意点）

1、率直な姿勢で勇気を持って正面から取り組む

2、自己防衛な言動に対しても妥協しない

3、第三者の価値観を伝えるのに、「やり込められた」「おしつけられた」と感じさせないようにする

(4) この方式の問題点

1、こうしたやり方そのものに相手が抵抗を示す場合がある
（脅迫されたような気持ちになる。迫られて腹が立つ）
2、自分のパワー（支配力）が弱められることに対して防衛や攻撃が出る
3、第三者の批判を受けとめられ、事実をめぐり、論争になる恐れがある

実践力を向上するチェックリスト

以上、五つの働きかけについて実践的、マニュアル的にまとめてきましたが、最後にそれぞれの方式を実行し、実践する時のチェックリストをまとめておきます。読者の皆さんはこの中からいくつかの方式を実践しながら、このチェックリストで実力アップをしていっていただけたら幸いです。

処方箋方式　―　実践チェックリスト

	1	2	3	4	5
① 状況について幅広い角度から問題点をつかみましたか					
② 問題についてこちら側の見方を明確に示しましたか					
③ 実施すべき解決策を自信を持って伝えましたか					
④ 相手に合わせた伝え方をしましたか					
⑤ 自分の示した解決策に自信のあることを示し、場合によっては援助もすることを伝えましたか					
⑥ ぐずぐずしていた場合、強い態度で対応しましたか					
⑦ 反抗・抵抗が出た場合、それを和らげる努力をしましたか					

理論、モデル方式　―　実践チェックリスト

	1	2	3	4	5
① 日常行動の中でよくあるような問題をまずは取り組ませていましたか					
② 問題に取り組む反応や行動から、相手の状況（傾向）をつかんでいましたか					
③ 教える理論は、はっきりと整理できていましたか					
④ 教えるための方法を色々と工夫していましたか					
⑤ 一方に教える方式でなく、参加による方法をとっていましたか					
⑥ 知識だけでなく技能を向上するような内容も含まれていましたか					
⑦ 実務に活用（応用）できる段階まで習得させることができましたか					

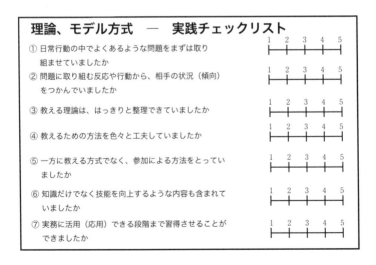

受容方式　—　実践チェックリスト

	1 2 3 4 5
① 相手が本当に言いたいことを引き出そうとしていましたか	1 2 3 4 5
② 感情や気持ちを受けとめていましたか	1 2 3 4 5
③ 適切な時に適切なフィードバックをしていましたか	1 2 3 4 5
④ 評価的、断定的な言い方をしていませんでしたか	1 2 3 4 5
⑤ 押付け的・忠告的な言い方をしていませんでしたか	1 2 3 4 5
⑥ 相手の見解を引き出したり、気持ちをたずねたりしていましたか	1 2 3 4 5
⑦ 相手と共に考え、共に感ずる姿勢はありましたか	1 2 3 4 5

触媒方式　—　実践チェックリスト

① 気楽に話せる雰囲気を創り出していましたか	1 2 3 4 5
② 状況を説明してもらいながら欠けている情報をつかんでいましたか	1 2 3 4 5
③ 質問により相手が気づかない新しい情報を集めるよう努力していましたか	1 2 3 4 5
④ 本人の訴えるニーズの枠組みの中ですすめていましたか	1 2 3 4 5
⑤ 相手が目の前の問題をはっきりさせたり、再確認するような支援をしていましたか	1 2 3 4 5
⑥ 具体的な提案はしないようにしていましたか	1 2 3 4 5
⑦ 本人が自分で意思決定するよう働きかけていましたか	1 2 3 4 5

対決方式　―　実践チェックリスト

① 率直な姿勢で勇気をもってのぞんでいましたか	1　2　3　4　5
② 相手の考え方（価値観）をはっきりさせようとしていましたか	1　2　3　4　5
③ 状況を直視せざるを得ないような質問をしていましたか	1　2　3　4　5
④ 現在の価値観に従って行動するとどうなるか考えさせようとしていましたか	1　2　3　4　5
⑤ 自己防衛的な言動に妥協することはありませんでしたか	1　2　3　4　5
⑥ 事実や論理はその時点での状況にマッチしていましたか	1　2　3　4　5
⑦ 個人攻撃を受けている、やっつけられているというように感じられるようなことはありませんでしたか	1　2　3　4　5

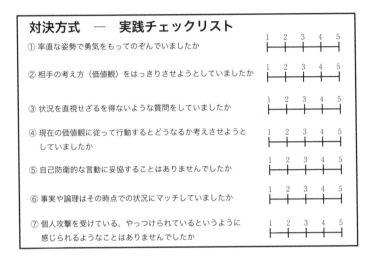

参考文献：

『職場の活力アップ』市川覚峯（産業能率大学出版部）
『上手なミーティングの進め方』市川覚峯（日本実業出版社）
『社風革命』市川覚峯（第二海援隊）
『経営道　１００の教え』市川覚峯（ディスカヴァー21）
『コンサルテーションの科学』ロバート・Ｒ・ブレーク＆ジェーン・Ｓ・ムートン：著　田中敏夫：訳（産業能率大学出版部）
『新コア・コンピタンス戦略』市橋和彦（プレジデント社）
『コア・コンピタンス経営』Ｇ・ハメル＆Ｃ・Ｋ・プラハラード：著　一條和生：訳（日本経済新聞社）

【著者】

市川覚峯（いちかわ・かくほう）

（一社）日本経営道協会会長。

（株）日本経営理念研究所代表。

企業家ミュージアム代表。長野県生まれ。

産業能率大学で研究員として大企業の指導を行い、（株）山城経営研究所の常務理事として「KAE 経営道フォーラム」を創設し、上場企業の経営者教育を手掛ける。44 歳の時より「日本人の美しい心の復興」という志を立て、高野山・比叡山・大峰山などで千二百日の荒行を重ねる。下山後、経済界に「日本思想の復興」「企業家精神の復活」のため、「日本経営道協会」を設立し、代表となる。平成 27 年 4 月、日本の誇る企業家の思想発信と継承のため、「企業家ミュージアム」を設立する。主な著書に『経営道 100 の教え』（ディスカヴァー 21）、『いのち輝かせて生きる』『経営道』（致知出版社）、『修行千二百日』（PHP 研究所）、『社風革命』（第二海援隊）、『創業者 100 人の言葉』（宝島社）などがある。

装丁　　萩原弦一郎（256）

本文イラスト　パント大吉

編集　　古川創一（古川書房）

こうすると会社は変わっていく

著者　　市川覚峯

発行者　真船美保子

発行所　KK ロングセラーズ

東京都新宿区高田馬場 2-1-2　〒 169-0075

電話（03）3204-5161（代）　振替 00120-7-145737

http//:www.kklong.co.jp

印刷・製本　大日本印刷㈱

落丁・乱丁はお取替えいたします。

※定価はカバーに表示してあります。

ISBN978-4-8454-2483-2　C0034

Printed in Japan 2021